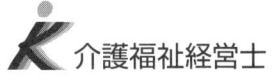

介護福祉経営士　実行力テキストシリーズ 6

現場の成功事例から学ぶ
安全な介護を実現する
事故・トラブル防止術

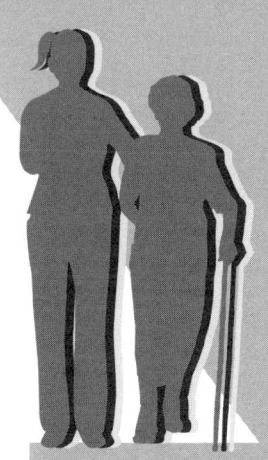

山田　滋
株式会社安全な介護
代表取締役

日本医療企画

はじめに

　介護保険制度がスタートした頃、介護について素人だった私は介護のリスクマネジメントを勉強するために、特別養護老人ホームの現場で職員と一緒に事故防止の取り組みを始めました。

　最初から驚かされたことが2つあります。1つは防げそうもないような事故に対しても、多大な労力を費やし無駄な努力をしていること。もう1つはほとんどの事故防止対策が、「見守りを強化する」「注意を欠かさない」など具体性のない、精神論的な注意喚起ばかりだったことです。そこで、防ぐべき事故と防げない事故の仕分けをきちんと行い、防ぐべき事故の防止対策を優先して講じることで無駄な労力を減らすことができました。さらに、「転倒しないように見守る」だけでなく、「転倒してもけがをさせない」対策を実施し、骨折事故の減少に成功しています。

　以来、数多くの高齢者福祉施設や訪問介護事業者と一緒に、介護現場の事故防止に取り組み、現場で積み上げてきたその方法論は「わかりやすく実践的」との評価をいただいています。今では各種団体や施設の依頼を受けて、年間150回にも及ぶセミナーの講師も務めるようになりました。

　本書は、介護現場で行われてきた精神論的な事故防止活動を、具体的に成果の見える取り組みに変える方法や、防止が困難な事故に対してどのような対策を打つべきかについて、現場の取り組み事例を交えてわかりやすく解説しています。

　介護現場に行くと事故の再発防止策に「見守りの強化」を掲げる施設が数多く見受けられます。向精神薬が原因で転倒する認知症の利用者に対して、どんなに見守りを強化しても転倒は防ぎきれません。本書が介護の現場で働く職員のお役に立つことを願っています。

2014年5月
山田　滋

CONTENTS

はじめに

第1章 介護職員が知っておきたいリスクマネジメントの基礎知識

1 すべての事故は防げない　*8*
2 過失のある事故とはどんな事故か？　*10*
3 事故の正しい評価方法　*12*
4 事故防止のために利用者の自由を奪ってもよいのか？　*16*

第2章 よくわかる！事故防止活動の進め方

1 事故防止の基本活動　*20*
2 ヒヤリハット活動をより効果的に機能させる　*33*
3 再発防止につながる事故カンファレンス手法　*45*
4 事故防止対策のマニュアル化　*52*

第3章 個別事例から学ぶ事故防止の具体策

1 歩行介助中の転倒事故の防止対策　*56*

- 2 誤嚥事故の防止対策　*61*
- 3 排泄介助中の事故の防止対策　*65*
- 4 入浴介助中の事故の防止対策　*69*
- 5 ベッドからの転落事故の防止対策　*72*
- 6 行方不明事故の防止対策　*74*
- 7 誤薬事故の防止対策　*79*
- 8 原因不明の骨折事故への対策　*81*
- 9 原因不明の傷やアザへの対策　*84*

第4章 こんなときはどうする？ 事故発生時の対処法

- 1 事故発生時の適切な対処を学ぶ　*88*
- 2 トラブルに発展させない！　事故発生後の家族対応　*99*

第5章 家族にリスクを共有してもらう方法

- 1 入所のしおりで生活リスクを説明する　*108*
- 2 家族に事故防止活動に協力してもらう　*111*

おわりに

介護職員が知っておきたい リスクマネジメント の基礎知識

1 すべての事故は防げない

(1) 事故はゼロにはできない

　「すべての事故は防げない」ということが、介護の事故防止活動の大きな特徴です。どんなに完璧な事故防止活動を行っても、事故をゼロにすることはできません。それどころか、他の業種に比べると「防げない事故が多い」ということも重要な問題です。メーカーの製造現場や建設の現場などでは、「目指せ事故ゼロ！」といった目標を掲げさまざまな工夫をしていますが、介護の現場ではどんなに努力をしても事故はゼロにならないのです。

　では、なぜ介護の現場では事故がゼロにならないのでしょうか？　そして、なぜ防げない事故が多いのでしょうか？　その理由は介護という仕事の特殊性にあります。介護は、人が生活することを援助する仕事です。人が生活するうえでは避けられない危険がどうしても生じます。身体に障害がなく立って歩ける人でも、転倒する危険はゼロではありません。食事をすれば、誰だって気管に食べ物を詰まらせる可能性があります。私たちはいつもこれらの生活リスクと隣り合わせで、そのリスクを完全に排除することはできないのです。

　介護現場の管理者のなかには、「目指せ事故ゼロ！」などと気合いをかける人がいます。しかし、立って歩ける人であれば転倒する危険がありますから、この管理者は不可能なことを要求していることになります。本来、介護現場の管理者は「すべての事故を防がなくてはいけない」という思い込みを捨てて、「防ぐべき事故」と「防げない事故」をきちんと区分して指導しなければならないのです。

（2）防ぐべき事故と防げない事故

では、防ぐべき事故と防げない事故はどのように区分すればよいのでしょうか？　図表1-1-1をご覧ください。私たちは介護現場の職員に対して「防ぐべき事故とは、"過誤"と呼ばれる事故、つまり過失のある事故である」と説明しています。

【図表1-1-1】防ぐべき事故と防げない事故の区分

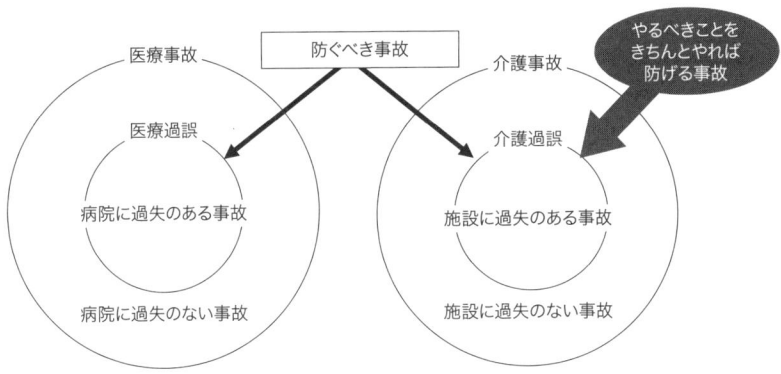

過失のある事故とは「やるべき事故防止対策を講じれば防げる事故」をいい、過失にならない事故とは「やるべき事故防止対策を講じても防げない事故」を指します。たとえば、ベッドから車いすへの移乗介助中に利用者を転倒させれば、明らかに過失となり賠償責任を問われます。しかし、歩行ができる認知症の利用者が夜間に居室で立ち上がって転倒する事故は、どんなに見守りを強化しても、頻回に見回りをしても完全に防ぐことはできません。

この区分をしっかり意識づけしたうえで、事故防止活動を進めていかなければ、防げない事故に対して無駄な労力を使い、本来防ぐべき事故への対策が疎かになってしまいます。

2 過失のある事故とはどんな事故か?

(1) 過失のある事故の具体例

　それでは、防ぐべき事故(過失のある事故)とは、具体的にどのような事故を指すのでしょうか？　次の2つの事例で考えてみましょう。

>【事例1】
>　リハビリでビーチボール遊びを毎日楽しんでいた利用者が、その日は特に気分が弾んでいたようで、ボールを追いかけていき勢いが余って、ボールの上に乗ってしまい転倒、骨折した。

　この事例では、基本的には過失として責任を問われることはありません。しかし、次の2つのケースでは過失として責任を問われるかもしれません。
　①このレクリエーションがこの利用者の身体機能に対して、最初から無理がある(危険である)とわかっているのに参加させた場合
　②レクリエーションを始めたときには危険がなかったが、途中で身体機能が低下して、それ以上続けると危険だと気づいたのに中止させなかった場合

>【事例2】
>　認知症のない利用者の車いすを押して外出中、携帯電話に施

> 設から連絡がきたため、車通りの少ない道で車いすを止め、ブレーキをかけた。携帯で通話中ほんの少し目を離した隙に、車いすのストッパーを利用者本人が解除してしまったため、下り坂を車いすが走り出し転倒、大たい骨を骨折した。

　この事例では、明らかに施設の過失として責任を問われるでしょう。なぜなら、介護のプロであれば利用者が間違えてブレーキを外してしまうことを予測し、ブレーキを外してもすぐには走り出さない「傾斜のない安全な場所」に車いすを止める注意義務があるからです。そのため、この事故は注意義務を怠ったために起きた事故であり、過失として施設の賠償責任が問われても仕方がありません。

（2）事故対策には優先順位がある

　このようにして、「具体的にどんな事故が過失と認定されるのか？」「それはなぜか？」ということを具体的に知っておくと、事故防止活動を進めるうえで大変役に立ちます。どのような事故に対して優先的に対策を講じたらよいのかが、きちんと見えてくるからです。

3 事故の正しい評価方法

(1) 事故は質で評価する

　施設で発生した事故を施設内ではどのように評価しているでしょうか？　まず、大切なのはすべての事故を一律に評価しないことです。事故には防ぐべき義務の大きい事故と小さい事故があります。もっとわかりやすくいえば、「介護のプロとしてこんな事故は起こしてはいけない」というような防止義務の高い事故と、「さすがに介護のプロでもこんな事故を防ぐことは難しい」という不可抗力性の高い事故があるのです。

　このような事故の評価は、事故防止活動を進めるうえで、管理者の重要な役割です。ところが、多くの施設管理者が「事故の評価基準」を間違って理解しています。典型的なケースは、事故の件数や事故の重大性（損害の大きさ）で評価する管理者です。

　たとえば、ある施設の事故防止委員会では、「3階のフロア主任は何をやっているんだ。骨折事故が3件も続けて起きているじゃないか！」と施設長からお叱りを受けていました。この施設長は事故を件数で評価したわけですが、この3件続いた骨折事故がいずれも防ぐことの難しい不可抗力性の高い事故だったらどうでしょうか？　防げないような事故によって評価を悪くされたら部下はやる気をなくします。

　事故を評価する基準は、もともとたった1つしかありません。それは事故の質で評価することです。具体的には、「やるべき事故防止対策を講じていたのに仕方なく起きてしまった事故なのか」「や

るべき事故防止対策を怠って起こした事故なのか」ということです。たとえ、大きな事故が起きても防ぎようのない事故であれば、部下を責めてはいけません。逆に小さな事故であっても、やるべきことを怠って起こしたのであれば指導しなければなりません。

図表1-3-1をご覧ください。私たちは施設で起きた事故に対して、5段階で評価をしています。

【図表1-3-1】事故の評価方法

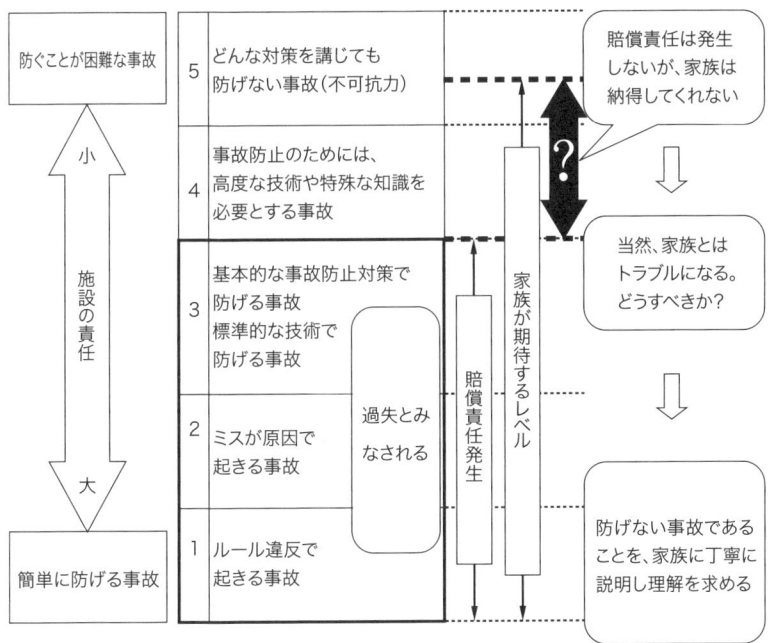

この**図表1-3-1**の1から3の事故は「やるべきことを怠って起こした事故」に当たります。当然、過失として損害賠償責任を問われます。しかし、4と5の2種類の事故は「やるべきことをきちんとやっても防げない事故」に該当しますから、当然、施設が責任を問

われることはありません。施設のなかには、事故報告書にこの5段階の区分を記入する欄を作っているところもあります。ぜひ活用していただきたいと思います。

（2）不可抗力の場合の再発防止策

　さて、この区分で最も厄介なのは、5に該当する「どんな対策を講じても防げない事故」の取り扱いです。通常、私たちはこのような事故を「不可抗力」と呼んでいます。このような、どんな対策を講じても防ぎようがない事故が起きた場合、困るのは事故報告書を記入する現場の介護職員です。なぜなら、事故報告書には"再発防止策"という欄が必ずあるからです。どんな対策を講じても防げないような事故が起きた場合、再発防止策の欄にはどのように記入したらよいでしょうか？

　本来、このような事故で事故報告書の再発防止策の欄に書くべきことは1つしかありません。すなわち「なし」です。どんな対策を講じても防げない事故には再発防止策はありません。しかし、事故報告書の再発防止策の欄に大きな字で「ナ・シ」と書いたらどうでしょう？　現場の介護職員は管理者から不真面目な職員だと思われることを心配して、「もっと見守りを強化する」などと書く傾向があります。しかし、どんなに見守りを強化しても防げない転倒事故はあります。

　大切なことは「防げない事故は防げない」ときちんと区分し、評価することです。この防げない事故を防げないと区分する意味は、何もしないで放っておいてよいという意味ではありません。防げない事故に対してはやらなければいけない大事な取り組みがあるので、きちんと区分する意味があるのです。

(3) 起こり得るリスクは事前に家族に伝える

　では、防げない事故に対してやるべき大事な取り組みとは何でしょうか？　それは「この事故は防げない」ということを利用者の家族に伝えてご理解いただくことです。防げない事故のリスクは、家族に受け入れてもらわなければなりません。施設の事故が家族とトラブルになり、施設が不利な立場に立たされるのは、このリスクを家族に受け入れてもらう取り組みができていないからです。家族は「介護職員はプロなんだから転倒くらい防げるだろう」と勝手に都合のよい解釈をします。しかし、実際にはプロが見守っても防げる転倒事故はわずかしかありません。

　では、どのようにして防げないリスクを家族に受け入れてもらえばよいのでしょうか？　ある相談員が遭遇した困難なケースを紹介します。

　相談員が初めてショートステイを利用する利用者の家族に事前の面談に伺ったときのことです。居宅で介護をしている利用者の次女が「母を絶対に転ばせないでください」と5回も念を押しました。しかし、利用者は認知症で徘徊する方ですから、転倒の危険がないわけがありません。「絶対転倒させませんからご安心ください」などと伝えれば転倒したときにトラブルになりますから、相談員は答えに窮してしまいました。防ぐべき事故をきちんと防ぐことはもちろん大切ですが、防げない事故を家族に理解してもらうことも大切なリスクマネジメントの取り組みの1つです。

　私たちは、この取り組みを「家族にリスクを共有してもらう取り組み」と呼んで、かなりの労力を割いています。この手法については、第5章で詳しく紹介します。

4 事故防止のために利用者の自由を奪ってもよいのか？

（1）身体拘束ゼロへの手引き

　身体拘束は、介護保険制度のスタートと同時に「指定居宅サービス等の事業の人員、設備及び運営に関する基準」（以下、運営基準）で禁止されました。それ以前は許容されていた「ベッドから転落する危険があるからベッドに柵をする」「立ち上がって転倒するので車いすベルトで身体を縛る」などの行動抑制が、身体拘束に当たるとして一切認められなくなったのです（ただし、緊急性があり、他に手段がなく一時的であれば拘束してもやむを得ないとされている）。

　では、身体拘束の問題は解決されたのでしょうか？　リスクマネジメントも身体拘束の正当性に利用されていました。「事故を防止するため」ということが、身体拘束の大義名分になり、過剰に生活行為の自由を奪うことにつながったのです。2001（平成13）年に厚生労働省が配布した冊子『身体拘束ゼロへの手引き』によれば、身体を拘束することは、人権擁護の観点から問題があるだけでなく、身体機能や認知機能の低下などを招き、逆に利用者のQOL（生活の質）を下げるため、「介護保険の趣旨に反する」という理由で禁止となりました。

（2）利用者のメリットを一番に考える

　人権の侵害になっても人の自由を制限してもよいと法律で認めら

れているケースがあります。正当防衛や緊急避難がこれに該当します。つまり、身体を縛るという権利侵害行為であっても、利用者本人や他の人の生命と身体を守るための拘束行為であれば、違法行為にならないのです。

したがって、利用者の自由を奪ったり制限することによって生じる害（デメリット）と、利用者が代わりに得られる安全の大きさ（メリット）が互いにバランスがとれていないといけないのです。ベッドから転落することを防ぐために、4点柵で拘束し廃用症候群にして、すべての身体機能を奪ったのでは、利用者が被るデメリットのほうが大きいため認められないのです（図表1-4-1）。ただし、利用者の安全のメリットが大きくても、利用者の尊厳のためにしてはいけないことがあります。

いまだに「家族の依頼で身体拘束をしている」「家族から身体拘束の承諾書をとっている」といって身体拘束を行う施設があります。家族の利用者に対する権利侵害行為に施設が加担しているというケースも多いのです。家族が利用者に著しい権利侵害行為をすれば、高齢者虐待に該当する可能性もありますから注意が必要です。

【図表1-4-1】失う身体機能と得られる安全のバランス

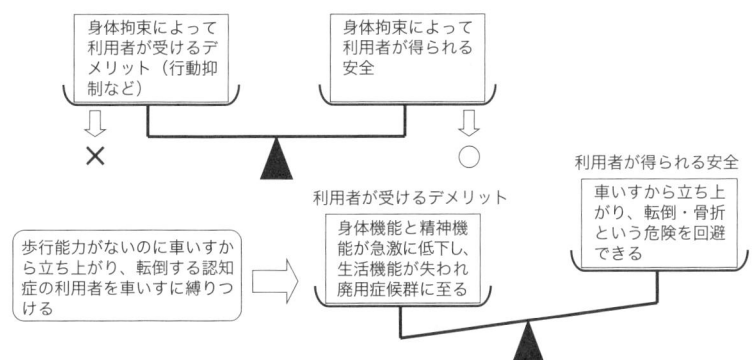

第2章

よくわかる！
事故防止活動の進め方

1 事故防止の基本活動

(1) ヒヤリハット活動が事故防止につながらない原因

　介護保険制度のスタートと共に、多くの施設が事故防止活動に熱心に取り組むこととなりました。措置から契約への移行に伴い、事故をめぐる訴訟などが増加するだろうといわれ、施設ではリスクマネジメントが最大の経営課題となったからです。このとき、ほとんどの施設で取り組んだことが、ヒヤリハット活動という事故防止の手法でした。今さら説明するまでもありませんが、「ヒヤリとしたりハッとしたり、という体験を記録することによって事故が発生する前に対策を講じる」という活動です。

　その後、10年以上の期間が経過し、このヒヤリハット活動も「取り組んでいない施設はない」といわれるほど普及しました。しかし、現状このヒヤリハット活動に取り組んだことによって事故が減った、つまり成果が出たという施設の話はあまり聞いたことがありません。

　ヒヤリハットが成果につながらない原因は、取り組み方法にも問題がありますが（第3章で説明）、最大の問題は、ヒヤリハット活動の前に徹底すべき「事故防止の基本活動」がなおざりになっていたことです。この基本活動を疎かにしてヒヤリハット活動を行っても、まったく成果にはつながりません。まずは最優先でこの基本活動の徹底を図ってください。

(2) 事故防止の基本活動とは

さて、それでは事故防止の基本活動とはどんな活動なのでしょうか？ **図表2-1-1**をご覧ください。事故防止活動を3つのランクに分けてみました。

【図表2-1-1】事故防止の基本活動の位置づけ

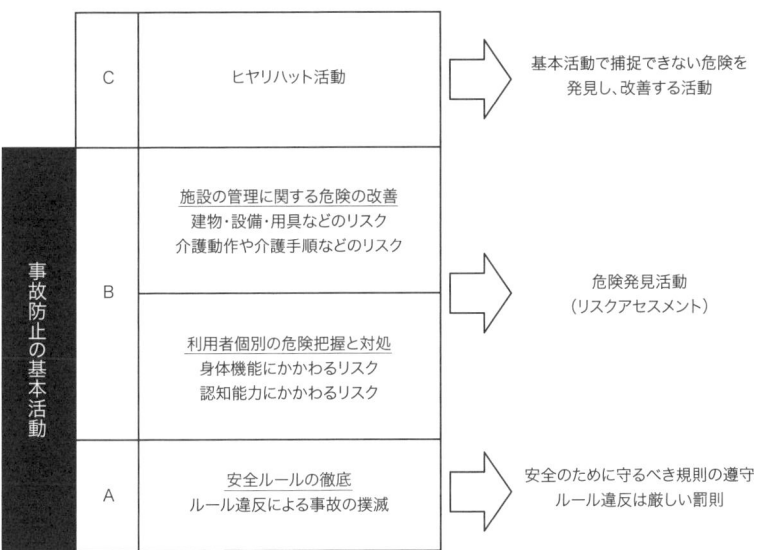

基本活動とは、この3つのランクのうちAとBです。Aは「安全のために守るべき規則の遵守」であり、Bは「危険発見活動（リスクアセスメント）」です。なぜ、ヒヤリハット活動の前に優先してこの2つの基本活動に取り組まなくてはならないのかを考えてみましょう。

まず、Aの安全のために守るべき規則の遵守です。規則は、違反したら明らかに危険だからやってはいけないことを決めた約束ごと

です。規則は守ることが当然であり、違反すれば必ず罰則があります。このような規則違反による事故をヒヤリとするまで待っていてはいけません。

　Bの危険発見活動は「隠れている危険を積極的に見つけ出して改善する」という活動です。ヒヤリハット活動も危険を発見する活動ですが、ヒヤリとするまで待っている点では、消極的な危険発見活動といえます。

　危険発見活動を積極的に行っても、捕捉しきれないリスクがありますから、これらについては、Cの「ヒヤリハット活動に任せる」ことになります。つまり、ヒヤリハット活動は、事故防止の基本活動の補完的役割を担うものです。そのため、この活動を事故防止の主要活動にしてはいけなかったのです。特にBの危険発見活動は、実際に取り組んでみると大変効果の高い活動であることがわかりました。ここでは、この事故防止の基本活動で実際に取り組んだ手法を紹介しますので、ぜひ取り組んでみてください。

（3）安全ルールの徹底

　利用者の安全のために守るべきルールを破って事故を起こすモラルの低い職員がいます。この職員が事故を起こすと、ほとんどのケースでその職員個人の属性の問題として片づけられてしまいがちですが、実は違います。これは職場の問題なのです。なぜなら、ルール違反が起きる職場ではたくさん起きますが、起きない職場ではまったく起きないからです。ルール違反は職員にルールを守らせる職場環境ができていないことが原因で頻発します。ルールを遵守するための職場環境の条件とは次の2点です。

■ ルールは明文化して徹底する

　ルールは文書になっていないと徹底することができません。利用者の安全のために守るべきルールという大切な決まりが、暗黙の了解では困ります。もともと、介護現場は介護手順のマニュアル化や文書化が遅れていて、暗黙の了解が多すぎるのが欠点といわれています。介護手順の標準化やマニュアル化と共に、守るべきルールを明文化して、必ずルールブックを作ってください。

■ 罰則のないルールは破られる

　これは職場で独自に罰則を作れという意味ではありません。懲戒などの罰則を勝手に作っては問題です。もともとルール違反には厳しい罰則があるにもかかわらず、ルール違反をする人は罰則を知らないためにルール違反をするのです。厳しい罰則を知っていたらルール違反ができる人は少ないので、罰則を周知徹底してほしいのです。

　もし、「こんな危険な介助方法はやってはいけない」というルールに違反して事故を起こし、利用者が亡くなったとします。このルール違反で死亡事故を起こした職員はどのような罰則を受けるでしょうか？　一般的には次の3つの罰則を受ける可能性があります。

①懲戒免職　　②損害賠償　　③刑事罰

　まず、会社の規則に違反して大きな事故を起こしていますから、就業規則違反で懲戒免職となる可能性があります。次に、死亡事故で施設が支払った賠償金は、免職になった職員個人に施設が請求するかもしれません。会社の規則に違反して会社に多大な損害を与えているため、賠償請求ができます。そして、最後に「業務上過失致死」

の罪で刑事罰を受けることもあり得ます。特に看護師や介護福祉士のような国家資格者は、高い注意義務を要求されます。そのため刑事罰を受ける可能性が高くなるのです。

（4）施設の設備や業務手順の改善

　前述した基本活動における危険発見活動は2つに分けて取り組みます。1つ目は施設の設備や業務手順などに内在する危険を発見して改善する活動、2つ目は利用者個別の危険を把握して対処する活動です。

　施設の設備や業務手順に関する危険を発見して、改善する活動は、実際の活動が多岐にわたるため、主だったものを4つご紹介します。

❶用具・道具の安全点検活動

　たとえば、利用者の移乗を介助しようとしたとき、車いすのブレーキが緩んでいて動いてしまい、利用者を転倒させたとします。介護職員の多くは事故報告書の事故原因欄に「車いすのブレーキが緩んでいたこと」と書いてきます。確かに、目に見える事故の直接原因はブレーキの緩みかもしれません。しかし、本当の事故原因は違います。本当の事故原因は「その施設に車いすの安全点検というルールがないこと」です。設備や用具は放っておけば、いつか危険な状態になります。勝手に安全になってはくれません。

❷施設の建物構造や設備の危険

　建物・設備の欠陥といったほうがよいかもしれません。特別養護老人ホームや介護老人保健施設の建物や設備は、その時代の思惑で紆余曲折してきました。10年くらい前に建てられた施設のなかに

は、建物の真ん中に中庭がある回廊式（かいろうしき）と呼ばれる施設があります。ユニット型の施設が一般的な今日においては、あまりに使い勝手が悪く、利用者の移動介助が大変大きな負担になっています。

　また、最近は一人浴槽や個浴（こよく）という小型の浴槽での入浴介助が広まっていますが、10年前の入所施設の浴槽は、階段がついた銭湯のような大型浴槽が多く、少しでも身体機能が低下して浴槽内でバランスが悪くなれば、すぐに機械浴になってしまいます。生活環境の安全の基本は居宅にあります。障害があるからといって、特殊な浴槽を使うことは生活習慣を壊し、自立的な生活を断念させるばかりか、生活リスクを増やす結果につながってしまいます。大型入所施設の建物構造や設備の改修には莫大な費用がかかり簡単には実施しにくいかも知れません。しかし、トイレの前手すりや個浴などの導入は、比較的容易なのではないでしょうか？

❸介助方法の見直し

　従来から介護職員が親しんできた介助方法（介助動作）は、事故の危険性が高く介護職員自身の負担も大きいため、新しい介助動作に見直す施設が増えました。先進的な介護現場では、PT（理学療法士）などが介護職員と一緒になって、「どのように介助したら利用者にも介護職員にも負担のない安全な介助方法ができるだろうか？」と試行錯誤をしています。では、なぜ従来の介助動作はこれほどまで見事に否定されてしまったのでしょうか？

　その理由は、介助方法の考え方にあります。従来の介助動作では介助する側の動作方法が優先されて、介助される利用者がどのような動作をするのかは無視されてきました。そのため、従来の介助方法で介助されると、利用者はそれまでの生活のなかでやったこともないような無理な動作を強いられていることが多いのです（**図表**

2-1-2)。

　現在、見直されている新しい介助方法の考え方は、利用者が長年の生活のなかでやってきた身体の仕組みにあった動作をしてもらい、これを負担の少ない方法で介助するという考え方です。この取り組みが普及することで、介助中の事故（介助ミスによる事故）は少なくなるに違いありません。

【図表2-1-2】従来の介助方法はすべて見直されている

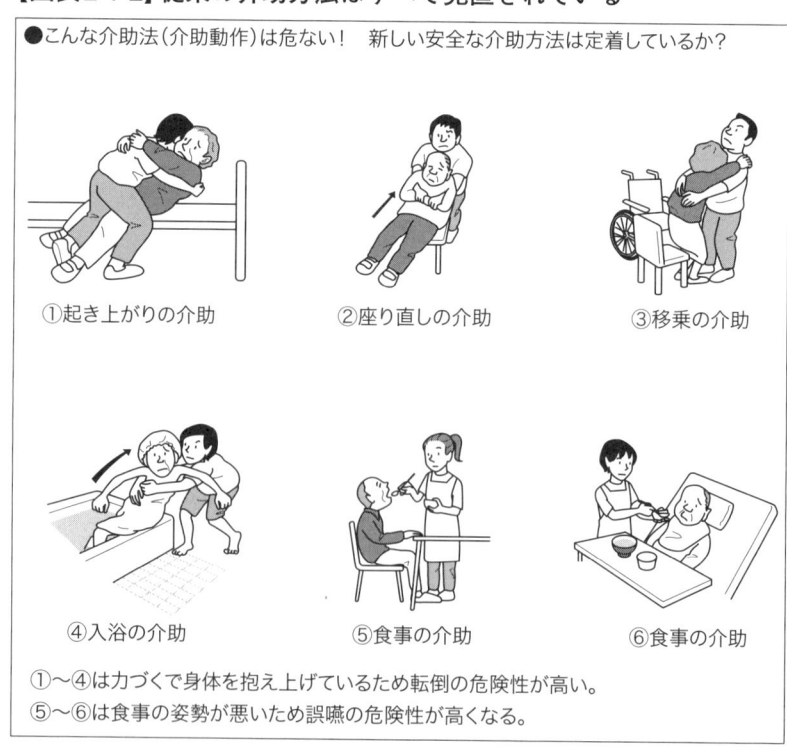

●こんな介助法（介助動作）は危ない！　新しい安全な介助方法は定着しているか？

①起き上がりの介助　②座り直しの介助　③移乗の介助
④入浴の介助　⑤食事の介助　⑥食事の介助

①〜④は力づくで身体を抱え上げているため転倒の危険性が高い。
⑤〜⑥は食事の姿勢が悪いため誤嚥の危険性が高くなる。

4 誤嚥防止のための食事介助の見直し

　施設の業務手順改善の最後の事例は、誤嚥の防止のための食事介

助の見直しです。1つは食事形態の見直し、もう1つは食事姿勢の見直しです。最近、食事形態が急激に変化しました。数年前までは「最近、飲み込みが悪くなってきて……」というと、「では刻みにしましょう」「ミジンにしましょう」と普通にいっていました。つまり、細かく刻むことによって、飲み込みやすくなると信じられていたのです。

　ところが、ソフト食の登場によって「細かくすれば飲み込みやすい」という過去の常識がいとも簡単に覆されてしまいました。最近では、「もう経口摂取は難しい」と胃ろうを造設された利用者が、ソフト食によって再度、経口摂取に復帰したという事例がたくさん聞かれます。飲み込むという人の生理的機能がまだまだ解明されていなかったということです。

　また、食事の姿勢については、車いすの座り方やテーブルの高さなどが誤嚥の原因として挙げられるようになりました（**図表2-1-3**）。車いすに座った状態で足をフットレストに乗せたまま、食事をすると上半身が後方に傾いた姿勢になり、食べ物が気管に混入しやすくなります。そのため、誤嚥事故の危険が高くなります。

　さらに、小柄な女性などが高いテーブルで食事をすると、顎が上がり上を向いた状態になるため、やはり嚥下機能に支障が出ます。最近ではデイサービスなどでも、テーブル高が65㎝（通常は70㎝）、いすの座面は37㎝（通常は40㎝）と低いテーブル、低いいすを備えるところも多くなりました（**図表2-1-4**）。

　設備や用具などハード面だけでなく、介助方法や手順などのソフト面でも、従来の介護の誤った常識が見直されてきています。いち早く新しい介助方法などを積極的に取り入れ、より一層安全な介護を行ってほしいと考えています。

【図表2-1-3】誤嚥しやすい姿勢

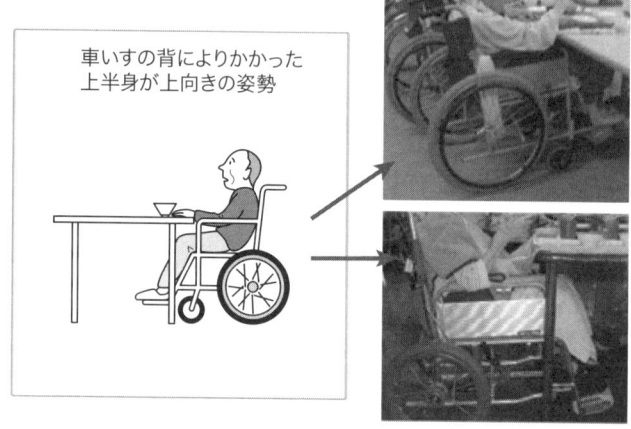

【図表2-1-4】安全な食事のための姿勢

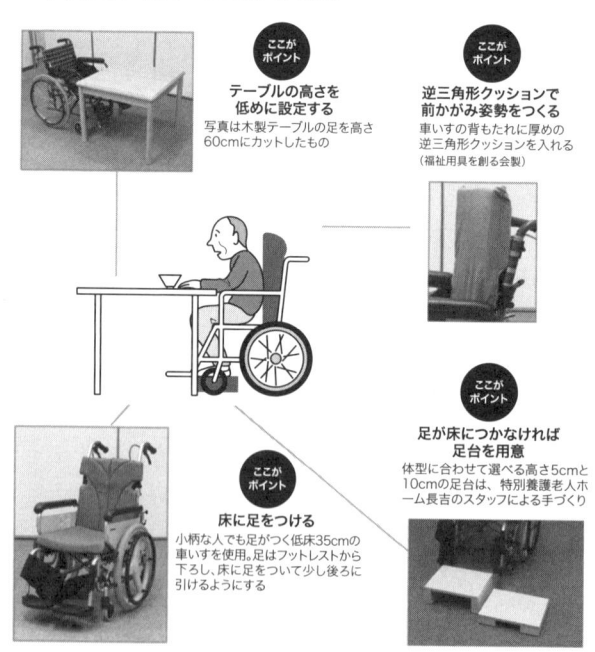

(5) 利用者の個別の危険把握と対処

　さて、最後に紹介する危険発見活動は、利用者の個別の危険把握とその対処です。利用者は個々に障害の状態や身体機能、現疾患などさまざまな個別のリスクを抱えています。これらのリスクをどれくらい詳細に把握し、事故防止対策につなげられるでしょうか？
　障害や疾患から発生するリスクや認知症から発生するリスクなど、施設入所者の抱える個別のリスクは実に多様です。何年も入所している利用者については、個別のリスクも把握されていて職員も頭に入っていますから、それほど対応は難しくありません。しかし、ショートステイの初回利用や新規入所の利用者は、家族からの情報だけでは不十分といえます。
　たとえば、転倒リスクのアセスメントシート（**図表2-1-5**）を活用しながら転倒の危険度を数値化して、職員が共有している施設があります。これらのアセスメントの項目には、障害の状態はもちろん、進行性疾患の態様や服薬の状況、福祉用具のフィッティングまで実に40項目の評価があります。
　ヒヤリハットの原因究明や事故の再発防止活動のなかで、転倒の原因を究明してみると実にさまざまな原因があることがわかります。たとえば、ショートステイで朝の5時にポータブルトイレの脇で転倒した利用者の転倒原因は、血糖降下剤による低血糖で意識喪失が起こったことでした。また、ショートステイの認知症の利用者が夜中にトイレに行こうとして転倒した事故では、総入れ歯を施設が預かってしまったためにバランスを崩したことが原因でした。転倒の原因だけを一覧にして事故が起きたときにチェックしてみると、参考になる場合があります（**図表2-1-6**）。

【図表2-1-5】転倒リスクのアセスメントシート

フロア名		介護士氏名			
お客様氏名		年齢　　才		性別　男・女	

分類	特徴	スコア	評価		
			月　日	月　日	月　日
年齢	65歳以上である	2			
既往歴	転倒・転落したことがある	2			
感覚	平衡感覚障害がある	2			
	視力障害がある 聴力障害がある	1			
運動機能障害	足腰の弱り、筋力低下がある	3			
	四肢のどれかに麻痺がある しびれ感がある 硬縮や変形の骨・関節異常がある	1			
運動領域	自立歩行ができるが、ふらつきがある	3			
	車いす・杖・歩行器・ストレッチャー・ リクライニング車いすを使用している	2			
	自由に動ける	2			
	移動に介助が必要である 寝たきりの状態であるが、手足は動かせる	1			
記憶力	認知症がある 不穏行動がある 判断力、理解力、記憶力の低下がある 見当識障害、意識混濁がある	4			
薬剤	睡眠薬、抗不安薬、抗うつ薬、抗精神病薬 抗癲癇薬、抗ヒスタミン薬、抗アレルギー薬 禁忌緩薬、5種類以上の薬を服用	2			
	降圧剤、血糖降下剤、排尿障害治療剤 鎮痛剤、麻薬	1			
排泄	尿・便失禁がある 頻尿 トイレまで距離がある 夜間、トイレに行くことが多い	3			
	ポータブルトイレを使用している 車いすトイレを使用している 膀胱留置カテーテルを使用している 排尿には介助が必要である	1			
病状	脱水症状がある 貧血症状がある	2			
	リハビリの開始時期、訓練中である 症状やADLが急に回復・悪化している時期である	1			
本人の特徴	ナースコールを押さないで行動しがちである ナースコールを認識できない	4			
	行動が落ち着かない 何事も自分でやろうとする	3			
	環境変化(新規入所・ショート初回利用)が大きい	1			
危険度評価	危険度1：1〜9点　　転倒・転落の恐れがある	合計			
	危険度2：10〜19点　転倒・転落を起こしやすい	危険度			
	危険度3：20点以上　転倒・転落をよく起こす				

最近の転倒事故(ヒヤリハット)の情報【家族情報などから、転倒場面や時間など具体的に】

【図表2-1-6】こんなにたくさんある転倒の原因

分類	転倒の要因	説明
利用者の装備	服装	ゆるいズボンやスソの長いズボンなどは歩行時の障害となるので注意
	履物	履き慣れた履物が最も安全であり、無理にリハビリシューズなどに替えると転倒の危険が高くなる。ゴム底の靴とビニール材の床は相性が悪く、滑らずにつっかかり転倒の要因となる
	入れ歯	入れ歯を外したまま歩行すると、バランスを崩しやすくなり転倒の危険が高くなる
	杖	買い換えたときなど杖の長さがたとえ1～2cmでも変わると歩行の障害になる
	シルバーカー	健常なときから使い慣れたものであれば問題ないが、障害を負ってから初めて使用すると危険
	歩行器	パーキンソン病など疾患の状態によっては、歩行器の使用が危険な場合もある
疾患	膝関節疾患	膝関節痛の利用者は、普通に歩行できるように見えても突然転倒する
	股関節疾患	変形性股関節症などの疾患ではバランスが取りにくくふらつきが多くなる
	足の皮膚疾患	水虫・疥癬など足の皮膚疾患も、踏ん張りやバランスの障害となり転倒の危険が高くなる
	注意障害	認知症や高次脳機能障害の利用者で注意障害があると転倒しやすくなる
	低ナトリウム血症	塩分の控え過ぎや脱水で急激に血中の塩分量が低下すると、意識障害やせん妄が起き転倒する
	無自覚性低血糖症	長期間の血圧降下剤の服用やホルモン異常で、自覚症状のないまま低血糖を起こし転倒する
	低栄養	栄養状態が悪化すると姿勢反射などの生理的反射機能が衰え転倒の危険が高くなる
	円背	円背が進むと前方の視界が悪くなり、見上げようと頭を上げたときに姿勢が崩れ転倒する
	パニック障害	パニック障害では不安発作が起こると、発作のピーク時には手足の自由が奪われ転倒する
	てんかん	てんかんの発作により意識障害が起こると転倒する
	聴覚障害	聴覚障害も視覚障害同様に、平衡感覚に悪影響を与え転倒の原因になる場合がある
	パーキンソン病	すくみ足や小刻み歩行などの歩行障害と、姿勢反射障害によって転倒の危険が高くなる
服薬	糖尿病薬	高齢者に不向きな糖尿病薬や服薬量の過剰で、低血糖による意識混濁が原因で転倒する
	血圧降下剤	過度な血圧コントロールは起立性低血圧や入浴時の血圧低下につながり転倒の原因となる
	統合失調薬	リスペリドンでは低血糖症が、スルピリドでは錐体外路症状が現れることがあり転倒の要因となる。スルピリドは十二指腸潰瘍などの、消化器系疾患にも使用されるので注意が必要
	抗うつ薬	三環系抗うつ薬は運動失調による転倒を引き起こす場合がある。パロキセチン（SSRI）は抗利尿ホルモン不適合症候群（けいれん・意識障害など）を起こし転倒する場合がある
	抗パーキンソン病薬	抗パーキンソン病薬の処方量が多すぎると、錐体外路系が障害され不随意運動性歩行が起こる
環境	環境変化	重度の認知症の利用者は急激な環境変化に適応できずに、動作能力が低下し転倒の原因になる
	ベッド、いすの高さ	ベッドやいすが高すぎると、立ち上がるときにバランスを崩して転倒する
	手すり	手すりの両端に"曲げ"処理がされていないと、袖を引っかけて転倒する
	床の色や模様	視力低下や視覚障害の人は、床の色が部分的に暗色になっていると穴や段差に見えて転倒する
	床材	古い施設に多いビニール床材は滑性がなく、ゴム底の靴ではつまずいて転倒する危険が高い
性格	遠慮深い	歩行が危険な状態でもナースコールを押さずに自分でトイレなどに行こうとして転倒する
	自立心旺盛	歩行が危険な状態でもナースコールを押さずに自分でトイレなどに行こうとして転倒する
	せっかちな性格	落ち着きがないせっかちな性格の利用者は、意思と動作にずれが生じて転倒する

※SSRI：選択的セロトニン再取り込み阻害剤

(6) 利用者の状況はどこまで把握するべきか

　こんなトラブルの事例があります。
　ある認知症の女性利用者が初めて介護老人保健施設のショートステイを利用しました。ところが、利用初日の入浴介助時にキャビネットを開けて浴槽洗剤の詰め替え用ボトルの中身を飲み干してしまったのです。驚いた職員はすぐに病院に救急搬送し、検査入院をすることになりました。病院に駆けつけてきた息子さんに職員は「お母様に認知症があることはお聞きしていましたが、まさか異食癖があるとは思いませんでした。事前にお聞きしていれば注意して事故は防げたかもしれません」と話しました。息子さんは、「聞かれなかったから答えなかっただけじゃないですか」と怒ったそうです。もしこの事故が原因で訴訟になった場合、施設の責任は問われるのでしょうか？
　訴訟になったら、おそらく施設の過失として責任を問われるでしょう。つまり、家族はこの利用者に異食癖があることを事前に申告する義務はなく、施設側がしっかりと聴取しなければなりません。なぜなら、運営基準の第13条には、「事業者は（中略）サービス担当者会議等を通じて、利用者の心身の状況、その置かれている環境、他の保健医療サービスまたは福祉サービスの利用状況等の把握に努めなければならない（第140条で短期入所生活介護へ準用）」とあるからです。
　利用者に認知症があれば、認知症のために発生するBPSD（周辺症状・行動障害）などに関連するリスクについても、きちんと把握しなければなりません。

2 ヒヤリハット活動をより効果的に機能させる

(1) ヒヤリハット活動の問題点

　前項の基本活動では、ヒヤリハット活動に取り組んでも成果が上がらない原因として、ヒヤリハット活動の取り組み方法に問題があると指摘しました。では、成果が上がらない施設のヒヤリハット活動はどこに問題点があるのでしょうか？

　ヒヤリハット活動で成果が上がらない最大の原因は、ヒヤリハットシートを事故防止に活用していないことです。ヒヤリハットシートを書く目的は、もちろん危険な状況に気づくことですから大切なことです。しかし、利用者が転倒しそうになるような状況をヒヤリハットシートに記入しただけでは、その利用者の転倒を未然に防ぐことにはつながりません。なぜ転倒リスクが起きるのか、その原因を究明して、防止対策を講じる必要があります。ここでは、私たちが取り組んでいる「ケース検討による原因究明と防止対策検討」の手法をご紹介します。

(2) ケース検討の取り組み手法

■1 課題シートの選定

　ケース検討会議を1か月に1回、職場ごとに開きます。ヒヤリハットシートはたくさん出てきますので、そのなかから1件だけ課題とするシートを選定して、選定された課題のケースについて、原因究明と防止対策の検討を行います。選定するシートは「大きな事故に

なる可能性が高いケース」や「事故になれば過失になる可能性の高いケース」などを優先的に選定します。

2 課題シートによる原因究明

　まず、原因究明の考え方として大切なことは、「事故の原因は1つではないため、多角的に多くの候補を挙げる」ということです。したがって、原因究明の作業では、1つの原因に絞り込まずにたくさんの原因を推定して洗い出します。そのためには、原因究明会議で討議するのではなく、事前に課題シートを配布し、推定される原因をできる限りたくさん考えてきてもらうこと（洗い出し作業）が最も有効な手段です。**図表2-2-1**をご覧ください。ある転倒のヒヤリハットのケースに対して、推定される原因を洗い出したシートです。

　この推定される原因の洗い出し作業を行うときには、便宜的に3つの角度で原因を分類すると、多角的な視点で原因の洗い出しができるようになります。ただ漫然と推定される原因を洗い出そうとすると、どうしても「介護者側の原因」に偏ってしまう傾向があるからです。移乗介助中に転倒させたのであれば、「利用者が移乗介助中にふらついた原因は何か？（利用者側の原因）」「介護職員はなぜ支えられなかったのか（介護者側の原因）」「ベッド周りの環境や用具などハードに不備はなかったのか（環境の原因）」と3つの原因に分類して、偏らないように洗い出しをします。

　また、**図表2-2-2**のように、一次要因と二次要因というようにその原因の裏にある原因も探っていくと、防止対策を講じるときに大変役に立ちます。たとえば、次のような事例の原因はどのように考えたらよいでしょうか？

【図表2-2-1】原因究明シートの例（移乗介助時の転倒）

原因の種類	推定される原因
利用者側の原因	【利用者がバランスを崩した原因】
	1. 血圧が正常でなかった、低血圧状態だった
	2. 血糖値が正常でなかった、低血糖状態だった
	3. Aさんは眠れないときに、睡眠剤を服用することがある。前夜服用した睡眠剤の量が多すぎたのかもしれない
	4. 最近、指の関節にこわばりが見られることがあるので、介助バーを握った手が離れずバランスを崩したのではないか？
	5. 排泄欲求が強く気が急いていた
	6. 朝食の食事介助の際、職員とトラブルがありイライラしていた
	7. 健側の足を打って痛みがありバランスを取りにくかった
	8. 前日水分を取っていなかったので、脱水症状でふらついた
	9. 以前から職員のBさんのことを快く思っていなかった
	10. 利用者の衣服の生地が滑りやすく抱えてもスルリと抜けてしまいそうだった
介護者側の原因	【職員が支えきれなかった原因】
	11. 立ち上がり介助の方法が適切でなく無理に引き上げようとした
	12. 職員の体調が悪く足腰に力が入らなかった
	13. 朝の食事介助のとき、他の利用者とトラブルがありイライラしていた
	14. 立ち上がり動作のとき、職員が勢いよく上に引き上げたので、利用者が立ちくらみをした
	15. 職員が抱き起こすとき、かけ声が小さく利用者が聞こえなかったので、職員が起こすタイミングと利用者が立ち上がるタイミングが合わなかった
	16. 職員の着ていた服が合成繊維であったため、静電気がひどく利用者に触れたときにバチっとなって利用者がビックリした
	17. サンダル、スリッパなど利用者を支えるのに適した履物でなかった
福祉用具・生活用具・設備などの原因	【設備や用具などが原因でバランスを崩したのではないか？】
	18. Aさんは大変小柄であり、ベッドに端座位で座った状態で踵が床につかず、移乗のときにバランスを崩したのではないか
	19. 床の表面が滑りやすかった
	20. 履物の底が滑りやすかった
	21. 安定して支えるために足を広く踏ん張るスペースがなかった

> 【事例：トイレ介助中にそばを離れたために利用者が転落】
> ある利用者のトイレの介助をしようとして便座への移乗を介助したところ、この利用者に合うサイズのオムツが欠品していたため、オムツ室にとりに行って戻ってきたら利用者が便座から転落していた。

　この事故の表面的な原因は、職員がオムツを補給するために利用者のそばを離れたことのように見えます。では、なぜ職員はトイレ介助中に利用者のそばを離れざるを得なかったのでしょうか？　職員はオムツが足りなかったことでそばを離れたわけですが、では、なぜオムツが足りなかったかといえば、オムツが足りているかどうかを点検するルールがなかったからです。

　このように、職員の個人の問題に原因を求めるのではなく、組織の要因や業務手順に原因を求めていったほうが、防止対策を講じやすくなります。このケースでは、オムツの欠品が出ないように定期的に点検をするルールを作ればよいことになるからです。この原因の裏に潜んでいる原因を探り出す手法は、SHELモデル[*1]などとも呼ばれ、人のミス（ヒューマンエラー）の要因を探る手法として活用されています（**図表2-2-2**）。

　ここで、原因究明作業で発見できた珍しい事故原因を2つご紹介しますので、ぜひ参考にしてください。

[*1) リスク要因を次の4項目に分けて洗い出す手法。
　　S→ソフトウエア (software)：介護手順や介助手法などの業務手順
　　H→ハードウエア (hardware)：福祉用具や介護機器などの用具や道具
　　E→環境 (environment)：建物や設備などの介護環境
　　L→人 (liveware)：業務を行う職員本人

【図表2-2-2】原因の裏の原因を探す

直接原因			一次要因	二次要因
利用者側の原因	なぜ利用者が急にふらついたのか(L)	利用者自身に関する要因(L)	早朝に急激な低血糖を起こしていた	血糖値コントロールがうまくいっていない
			前日眠前の睡眠剤が残っていた	睡眠剤の処方量が多すぎる
			動作方法に無理があった	居宅での介助方法と施設の介助方法が異なり慣れていなかった
		利用者の環境に関する要因(E)	ベッドにつかまるものがなかった	福祉用具の見直しを怠っていた
			ベッドが高すぎて滑り落ちた	ベッドが古いものでマットの高さを下げられない
			パジャマが滑りやすい素材だった	居宅で着ていたシルクのパジャマをそのまま持ってきていた
介護職側の原因	なぜ職員が支えられなかったのか(L)	介護職に関する要因(S・L)	介助方法が不適切だった	新しい無理のない介助方法の研修を行っていない
			声のかけ方が不十分だった	離床時の声かけのマニュアルがない
			利用者の動作のクセを知らなかった	利用者別の個別介助方法の訓練を行っていなかった
		介護職の環境に関する要因(E)	履物が適切でなかった	安定した履物を着用するような規則がなかった
			体調が悪かった	体調が悪い職員に対する申し出を促したり、フォローする体制がない
			精神状態が不安定だった	10日前の深夜に体調急変の利用者が出て、夜勤が不安であった
施設側の原因	設備や用具などに不備はなかったか(H)	施設の業務運営に関する要因(S)	介助方法の徹底ができていなかった	新しい介助方法や個別利用者の介助方法の研修がない
			職員が足りず急いでいた	職員の勤務シフトにより繁忙時間帯に職員が足りない
			身体機能の再評価を怠っていた	認定更新以外に身体機能の再評価をしていなかった
		施設の設備や用具に関する要因(H・E)	ベッドが低床ベッドではなかった	身体機能に合わせてベッドや福祉用具の見直しを行っていなかった
			車いすの肘掛が跳ね上げ式でなかった	10年前の車いすを使っていた
			居室の床が硬すぎる	衝撃吸収マットなどを床に敷く対策をとっていなかった

【事例1：服薬が原因で転倒する利用者】

　早朝だけふらつきが激しく転倒する93歳の女性利用者がいました。朝食後は杖を使って転倒せずに独歩ができるのに、早朝だけ何度も転倒します。看護師などは「低血糖でしょう」と決めつけていましたが、本当の原因はこの利用者の飲んでいた睡眠剤の処方量が多すぎたことでした。睡眠剤の処方量が多すぎて朝目覚めても血中から代謝されないため、神経に作用して転倒が起きていたのです。

　睡眠剤の処方量が多すぎた原因は、医師が処方量を間違えたせいではありません。医師は成人1人分の適正な量を処方していたのですが、この成人1人分の睡眠剤の処方量がこの利用者にとっては、多すぎたのです。なぜなら、この利用者は体重が29kgという施設で最も小柄でやせている利用者だったからです。

　93歳という高齢で体重が29kgという体型では、20代の大柄な男性に比べて代謝機能が7分の1になるといわれています。ある医師にお願いして、この利用者の睡眠剤の処方量を見直したところ、3分の1で十分という結論でした。この医師はこういいました。

　「薬局で風邪薬を買ってきても、"15歳未満は半量"と書いてあるのに、なぜ80歳以上は半量と書いてないのだろう？」

【事例2：移乗時にベッドから転がり落ちる利用者】

　片麻痺で車いす利用ですが、自力でベッドから車いすに移乗できる利用者がいました。ベッド柵に設置した介助バーにつかまり、安全に動作ができていましたが、あるとき移乗する際にベッドから床に転げ落ちてしまいました。それから続けて2回

同様に移乗時に転落しましたが、認知症がある利用者なので転落の原因が本人から聞けません。
　その後、ある介護職員が、この利用者のある光景を目撃したことから転落の原因が解明されました。この利用者が車いすで自走をするために手すりにつかまろうとして、つかまり損ねたのです。このことから、この介護職員が「ひょっとしたら視力が低下していて、介助バーにつかまり損ねてベッドから転落するのではないだろうか？」といったのです。すぐに眼科を受診したところ、緑内障であることがわかりました。転倒や転落はさまざまな原因が複雑に絡み合って起きるのです。

❸防止対策の検討

　いくつかの原因が推定できたら、それらを検証して、可能性の高い原因に絞り込みます。そして、原因に対する防止対策を検討します。この防止対策を検討する際に重要なのは、3種類の防止対策をバランスよく使い分けて、効率的で効果的な方法を考えることです。次に3種類の防止対策を説明します。防止対策を検討するときの参考にしてください。

1）未然防止策
　事故の根本原因を究明してこれを除去するという、最も効果的な対策です。たとえば、睡眠剤の処方量が多すぎて早朝に転倒する利用者は、睡眠剤の処方量を適正に調整すればふらつきさえも起こらなくなります。認知症の利用者のBPSDによる事故も、BPSDの要因となっている環境変化や生活習慣の途絶を探り出して改善すれば、事故を防げる可能性が出てきます。
　しかし、この事故の根本原因、特に利用者に内在するリスク要因

を把握して改善することは容易ではありません。ですから、この対策はしっかり時間をかけて探ってゆく長期的な取り組みになります。

2）直前防止策
　この手法は、未然防止策の正反対で、根本原因を放置したままその場その場でリスクに対処するという防止策です。労力がかかる割には効果が低いため、あまりよい手法ではありません。介護の現場では「見守りを強化する」とか「頻回に見回りをする」など、この手法が大変多く用いられますが、この手法に頼りすぎると自分たちの首を絞める結果となります。介護現場では自分たちの手で事故を防ごうとしがちですが、この手法には限界があります。

3）損害軽減策
　この手法は、未然に事故の発生を防止する対策ではなく、事故が発生してもけがなどの損害を最小限に抑える対策です。たとえば、大たい骨を保護するサポーターベルトを使用している施設があります。着用を強制しているわけではありませんが、着用した利用者が転倒したときの大たい骨の骨折確率は8分の1に軽減できるという商品も出ています。
　就寝中のベッドからの転落事故の防止策も、一昔前は「ベッドに柵をしてベッドから落とさない」という対策でしたが、身体拘束に当たるためできなくなりました。その結果、現在では低床ベッドを導入して床に衝撃吸収マットを敷いて「ベッドから落ちてもけがをさせない」という対策に移行しました。この手法は事故が起こってもけがをさせないという、損害軽減策なのです。
　この損害軽減策という事故防止対策は、防げない事故が多く発生する高齢者施設では、大変重要な対策の1つです。転倒自体は防げ

なくても、転倒したときのけがを軽減する工夫ができれば、けがのリスクは減らすことができます。

　このように、事故防止対策には3種類の手法があるにもかかわらず、実際の介護現場では直前防止策が圧倒的に多く用いられています。後述しますが、見守りを強化しても転倒事故にはほとんど効果はありません。最も大切な対策は未然防止策であり、防ぎにくい事故に対しては損害軽減策、他に対策がない場合は直前防止策と決めておけばよいのではないでしょうか？

(3) ヒヤリハット活動の形骸化

　ヒヤリハット活動を実施してはいるものの、形ばかりになっている施設も多いのではないでしょうか？　前述のようにヒヤリハットシートを記入しただけで事故原因の分析や情報共有といった活用がされていないのであれば、ヒヤリハットシートを書く労力も紙も無駄になってしまいます。また、ヒヤリハットの提出件数で職場を評価したり、ヒヤリハットシートの起票基準すら決められていない施設もありますので、ヒヤリハット活動を進めるうえでの基本的な注意事項をいくつか説明しましょう。

■1 ヒヤリハット情報の共有
　ある職場のリーダーが「ヒヤリハットシートは提出しても無駄なので提出しない」といい切りました。彼の主張はこうです。「ヒヤリハットシートを書いて提出しても、何の活用もされないまま印鑑ばかりたくさん押されて、最後は施設長のバインダーに閉じられて終わり。せめて同じ職場でどのようなヒヤリハット事例が起きてい

るのか、職員が共有できれば少しは事故防止の効果が上がるかもしれない」というのです。

　そこで、彼が考え出したやり方は「ヒヤリハット・ノート」という方法です。職場のヘルパーステーションにヒヤリハットノートを備えつけて、職員は全員そこで書き込み一切提出はしません。リーダーは毎日職員が書いたヒヤリハット事例のなかから緊急性の高い事例のページに、赤い付せんを貼っていきます。職員は自然に赤い付せんのヒヤリハット事例を読むようになり、「Ｍさんの転倒は早く対策を立てなければ」とか、「Ｓさんの食事介助は今まで以上に慎重に」などの会話が増えていきました。ヒヤリハットシートをただ提出して、毎月の委員会で提出枚数を報告しているだけの施設に比べれば、大きな進歩かもしれません。

2 どこまでがヒヤリハット？

　「どこまでがヒヤリハットで、どこからが事故なのでしょうか？」
　このような質問を受けることがあります。どのような場合に事故報告書を書いて、どのような場合にヒヤリハットシートを書けばよいのか、施設内で決まっていないのです。しかし、一般社会での決まりがあるわけではありませんから、施設内でルールを作ればよいのです。では、どのようにして事故とヒヤリハットを区分すればよいのでしょうか？
　たとえば、転倒に関しても、どんな決まりを作ればよいかは自由です。「転倒したら事故」「転倒してナースが対処したら事故」「転倒して受診したら事故」「転倒して受傷したら事故」など、事故として扱う基準にもいろいろな考え方があります。ただし、転倒したらすべて事故というルールを作ると、１日に何十枚も事故報告書を書かなくてはなりませんから、少し現実的ではありません。また、

どこまでがヒヤリハットかというルールは通常作りません。事故の定義を決めて事故報告規則や事故報告規定を作るというのが通常のルールです。つまり、「次のような事象が起きたら事故として取り扱いますので、事故報告書を提出すること」という規則を作り、その定義に満たない事象についてはヒヤリハットシートに記入して提出すればよいのです。

たとえば、**図表2-2-3**はある施設の事故報告規定における事故の定義です。どちらかというとこの施設は事故の範囲を比較的広くしているため、事故報告書を書くことが多くなりそうです。

【図表2-2-3】事故とヒヤリハットの区分

事故の種類	事故の定義
転倒	転倒した事実をもって転倒事故として取り扱います ・転倒したが外傷がなく痛みもひどくないので経過観察とした場合も含みます ・本人や他の利用者の申告だけで、職員が目撃していない場合も含みます
転落	転落した事実をもって転落事故として取り扱います ・転落したが外傷がなく痛みもひどくないので経過観察とした場合も含みます ・本人や他の利用者の申告だけで、職員が目撃していない場合も含みます
誤嚥	食事が喉に詰まり呼吸困難に陥ったことをもって、誤嚥事故とします。ただし、誤嚥が軽度で自力で飲み下したときなど、職員の処置が必要なかったときは、ヒヤリハットとして取り扱います
誤薬・誤配	次の事故を誤薬として取り扱います ・他人の薬を誤って服薬してしまった ・飲むべき薬を飲まなかった ・飲むべき薬の処方量を誤って飲んでしまった ・職員が他の利用者の方の薬を配ってしまった
溺水	浴槽内でのスリップなどが原因で起こる「水に溺れる事故」を溺水事故といいます。溺水事故は頭部が水中に没して溺れた結果、職員の処置を要したことをもって、事故として取り扱います
火傷	熱湯や直火、暖房器具により、火傷を被り職員の処置を要したことをもって、火傷事故として取り扱います
異食・誤飲	本来食用でないものを口に入れ、または飲み込んでしまうことを、異食・誤飲(液体)といいます。食用でないものを口に入れた時点で、異食・誤飲事故が発生したものと取り扱います。ただし、身体に害がないことが明らかなもので、すぐに吐き出した場合はヒヤリハットとして取り扱います
暴力	利用者が他の利用者、または施設外の第三者へ物理的な暴力(言葉は含まれない)を振るったことをもって、暴力事故として取り扱います。職員への暴力も含みます

感染症	感染症のキャリアでない利用者が、施設内で感染症に罹患したことをもって、感染症事故として取り扱います。外部からの感染であることを問いません。入所時からキャリアである利用者が、他の利用者に感染させた場合も含みます
無断外出	痴呆等により失見当識のある利用者の方、または徘徊のみられる方が本来、お過ごしいただくフロアから職員が気づかない間に外出されたことをもって事故として取り扱います
介護中の骨折・あざ・外傷	介護中に利用者の方が骨折・あざ・外傷を負ったことをもって事故として取り扱います
原因不明の骨折・あざ・外傷	原因がわからないが利用者の方に骨折・あざ・外傷を発見したことをもって事故として取り扱います

3 再発防止につながる事故カンファレンス手法

(1) 事故対応を総合的に検証する

　前節では、ヒヤリハット活動の進め方について説明しましたが、もう1つ事故防止活動の効果的な手法を紹介します。それは、過去に自施設で起きた事故を再検証するという「事故カンファレンス」という手法です。過去の事故を再検証する作業は、ヒヤリハットのケース検討のように事故原因と防止対策の検討だけを行うのではなく、過失の有無、事故発生時の対応や家族対応など、さまざまな角度から事故への対応を総合的に検証するもので、大変役に立つ活動です。ぜひ試してみてください。

(2) 事故カンファレンスにおける事故の検証方法

■1 事業者の過失の有無→事故防止対策を怠っていなかったか？

　「過失に認定されるか」という法的な判断よりも、やるべき事故防止対策を講じていても起きた事故なのか、やるべき事故防止対策を怠ったために起きた事故なのかを、きちんと評価することが大切です。

■2 事故発生時の対処→万一の場合に備え万全の対処ができたか？

　事故発生時の対処は、細部までマニュアル化されていなくてはなりません。このマニュアルに照らし合わせて、適切な対処を行っていたかどうかを検証します。

3 事故原因の究明→職員にミスを押しつけていないか?

　前述の利用者側の要因や職員側の要因などに分けて、たくさんの原因を多角的に洗い出すことが大切です。たとえ、職員のミスが直接の原因であっても、ミスの要因となる介護環境や業務手順などを洗い出すことも重要です。

4 再発防止策の検討→「見守りを強化する」となっていないか?

　事故原因が「見守りを怠った」「職員の注意が足りなかった」など、職員側の要因に偏っていると、再発防止策も「見守りを強化する」「もっと注意する」などの具体性のないものになってしまいます。危険そのものを根本的に排除する未然防止策や、事故になってもけがをさせないという損害軽減策も検討してください。

5 事故後の家族対応→家族が納得できる説明をしているか?

　事故が大きなトラブルに発展し、最悪、訴訟にまで発展するようなケースを検証すると、そのほとんどは事故後の家族対応に問題があることがわかります。骨折するような大きな事故が起きたときには、どの場面でどのような説明行えばよいかをあらかじめマニュアル化しておく必要があります。

【参考】事故カンファレンスの例
デイサービスでいきなり立ち上がり突然転倒

●利用者の状況

> Aさん女性
> ・年齢：87歳　・要介護2　・服薬：抗血小板薬
> ・ADL：歩行は自立しているが、不安定で常時見守りが必要（自宅に杖があるが、屋外で歩行するときのみ使用するためデイサービスにはもってきていない）。腰痛が少しあり、歩行時に腰を曲げてやや前傾姿勢で歩かれている。ふらつきがあり、転倒の危険あり
> ・入浴：自宅　・排泄：自立　・認知症：軽度　・食事：常食
> ・同じ敷地内に次女が住んでいるが、基本的には独居

●サービス利用状況

> 認知症の進行予防のため、当デイサービスを週3回利用

●事故発生状況および発生時の対応状況

> 15:18　帰送前デイルームにていすから立ち上がり、そのまま転倒した。足がいすの脚に引っかかったらしいが見ていた職員はいない。身体の右側から転倒されて右腕を床につく。近くに職員はおらず、身体を支える介助はできなかった。職員は6人いたが、他の利用者の帰りの支度のために準備中で、Aさんを見守っていた職員はいなかった。転倒直後より右腕の痛みの訴えがあり、右眉間の付近もいすにぶつけたらしく少しあざが見られる。その後、しばらく看護師が様子を見ていたが、右腕の痛みが

増していく様子あり。赤みも見られている。患部をかばう様子も見られる。転倒直後、看護師によりバイタルチェックを実施。血圧134/84　脈56。
16:30　ご家族に電話し状況報告とお詫びをする。K外科への通院の許可をいただく。
16:50　K外科に受診、右手首骨折と診断される。全治6〜8週間。痛み止めを処方される。

● 事故前の利用者の状況

よく歩かれるため、「ごみを捨てる」「トイレに行く」といって、席を立たれることもあった。他の人が動くと一緒に動こうとされる。少しヒールがある靴を履いてこられるので一度注意したことがあるが、「これが好きなの」といって、安全なものに替えてもらえない。

● 事故後の家族への対応

受診前に家族(次女)に連絡を入れ、転倒し右腕を打撲したため受診させると話し、転倒時に見守りができていなかったことを謝罪する。家族は「いただいた通所介護計画では、"歩行は常時見守り必要"となっているのに、見守ってくれなかったから転倒したのでしょう!」と不満を述べる。

翌日、所長が次女宅を訪問し、見守りを怠り事故に至ったことを正式に謝罪する。次女からは「治療費や通院にかかる手間などはすべてそちらで負担してくれるのでしょう?」と尋ねられたため、デイサービスですべて行うと説明した。

●原因と再発防止策

　立ち上がったときに足がいすに引っかかり転倒したものと思われるが、職員が見守りを怠ったことが主原因。ヒールのある靴も危険なので替えてほしいとお願いしても替えてもらえなかった。
　今後は帰り支度の時間でも、全体を見守る専任の職員を置いて、誰かが注意して見るように心がける。また、靴はリハビリシューズなど滑らないものに替えていただく。

《**事故カンファレンス検証シート**》

●事故は未然に防ぐことができたか？（やるべきことを怠っていなかったか？）《過失の有無》

　この事故では施設に過失はありませんでした。しかし、賠償責任は発生してしまいます。なぜでしょうか？
　まず、この事故は防げない事故です。そのため施設の過失にはなりません。いきなり立ち上がって転倒する利用者の転倒を防げるのは、よほど運がよい場合だけでしょう。ですから、やるべきことをきちんとやってもこの事故を防ぐことは難しいといえます。
　では、なぜ賠償責任が生じるのでしょう。それは、介護計画に「歩行は常時見守り必要」と書いてしまったからです。つまり、できないことを介護計画に書いたことになります。介護計画は、契約上提供すべきサービス内容を具体的に示すものですから、書かれた内容は契約書と同様に法的拘束力があると考えられます。ですから、契約書や介護計画に書いてしまったら、たとえできないことでもやらなければ、債務不履行として損害

賠償責任が生じます。

●事故発生時の対処は適切であったか？
　　眉間を打撲しているわけですから、経過観察はせずに即受診としたほうがよかったと思われます。

●事故の原因の究明（または、究明した原因は適切だったか？）
　　介護現場の方の多くが、このような転倒事故が起こると「見守りを怠ったことが原因」といいますが、果たしてそうでしょうか？　自らの意思で動作をする利用者に危険があるからといって、動作を制限することはできません。立ち上がれる人は危険だといっても立ち上がりますし、転倒を見守りで防ぐことも大変困難です。

●再発防止策の検討（または、検討した防止策は有効か？）
　　自立歩行で転倒の危険がある利用者には、見守り以外に次の防止策が必要となります。介護計画にも次のように表記すればわかりやすいでしょう。

【介護計画への表記の例】（歩行時の転倒危険について）
　　A様は自力で歩行することが可能ですが、極めて不安定であり、居宅と異なりスペースの広いデイサービスでは転倒の危険が大きくなります。そこで、転倒の危険を減らすために当デイサービスでは、次のような防止対策を検討しました。A様の安全な歩行のために、ご家族様の意見もぜひお聴かせ願います。
　①歩行能力（筋力とバランス能力）の維持・向上のための、
　　基礎的運動（軽い体操）を行います。

②立ち上がった瞬間が最もバランスを崩しやすく、職員も対応が難しいため、立ち上がるときには、極力職員を呼んでいただくよう、毎回来所時にお話しします。
③無理なく立ち上がれるいす、歩きやすい床、歩行時につかまる手すりなど、安全な歩行環境に配慮していますが、100％安全な環境というのは困難ですので、ご理解をお願いします。
④転倒したときにけがを防ぐため、敷物を敷いた場所などでお過ごしいただくなど、できる限りの配慮をいたします。
⑤歩行の安定のためには、杖、履きやすい靴（履き慣れた履物）、動きやすい服装などが大切です。安全な歩行に適した状態で来所されるよう、ご家族もご配慮をお願いします。

●事故後の家族への対応は適切であったか？

前述のように言葉足らずの漠然とした介護計画の書き方は家族の誤解を招きます。「歩行は常時見守り必要」と書くと、家族は「見守ってくれるのだから転倒はしないだろう」と受け取りますから、当然、転倒したときはトラブルになります。転倒防止のためには、家族の協力も不可欠であり、転倒を100％防ぐことは困難なことを丁寧に説明して理解を求めてください。

4 事故防止対策のマニュアル化

(1) 事故防止マニュアルにひな形はない

　ヒヤリハット事例のケース検討や事故カンファレンスを通じて、適切な事故防止対策を講じることができるようになると、事故防止対策には2種類あることに気づきます。1つ目はその利用者個別のリスクに対する対策で、適切な対策を講じればそれで終わりです。2つ目は他の利用者にも共通するリスクや、業務手順に潜むリスクに対する事故防止対策です。これらの対策は、個別の防止対策で終わらせずに施設内で広く共有化することにより、多くの同種の事故防止に活かせれば大きな効果が期待できます。そして、この事故防止手法の共有化のためには、「マニュアル化（手順化）」ということが必要になります。

(2) 業務手順に安全チェック手順を組み込む

　「事故防止マニュアルのひな形はありませんか？」とか「転倒防止マニュアルのモデルはありませんか？」と尋ねられることがあります。このように聞いてくる人のほとんどは、「他の施設で作った事故防止マニュアルを借りてきて自分の施設でも使おう」と、どの施設でも使えるマニュアルを期待しているのですが、残念ながらそのような魔法の杖はありません。
　事故防止対策のマニュアル化とは「業務手順に安全チェックの手順をどのように組み込んだら、職員全員ができるようになるか工夫

する」ことです。これを「業務安全マニュアル」と呼んでいます。業務手順は施設によって違いますから、どの施設にもあう事故防止マニュアルは作れません。

（3）具体的アクションはあるか？

　また、この安全チェックの手順をどのようにマニュアル化するのかが大きな問題になります。たとえば、デイサービスの送迎時に利用者がドアに手を挟むという危険があります。この危険を回避するためには、安全チェックの手順を送迎業務に組み入れればよいのですが、その安全チェックの手順が「気をつけてドアを閉める」となってしまっては、手順（動作）になりません。「ドアを閉めるときには、"ドアを閉めます"と大きな声で声かけをして、ゆっくり閉める」という手順にすればよいのです。つまり具体的アクションのない事故防止対策は手順ではなく、ただの気合いになってしまうのです。

　さまざまな施設の事故防止マニュアルを見せていただくと、「もっと気をつけて〜する」「もっと注意深く〜する」「もっと慎重に〜する」という表現が頻繁に出てきます。「注意深く〜する」ためにどのような安全確認の手順を行ったらよいかを明確にするのがマニュアル化です（**図表2-4-1**）。

【図表2-4-1】事故防止の具体策をマニュアル化する際の注意点

> 「事故防止マニュアル」や「転倒防止マニュアル」は存在しない
> 事故防止対策のマニュアル化とは、「安全チェック手順」を業務手順に組み込むこと

■安全チェック手順をマニュアル化する際の表現→具体的な動作や声がけなどが必要

送迎車に乗るとき、利用者がドアに指を挟みそうになった
→ 気をつけてドアを閉める ✕
→ ドアを閉めるときには「ドアを閉めます」と大きな声で声かけして、ゆっくり閉める ◯

利用者が浴槽で溺れたとき、浴槽に職員が1人もいなかった
→ 利用者を残して職員が浴室から出てはいけない ✕
→ 浴室から出るときには、他の職員に「浴室から出ますので○○さんの見守りをお願いします」と声かけをしてから出ること ◯

○指差呼称による安全チェックの効果
　指差呼称によってエラー発生率が6分の1に減少

指差呼称	エラー発生率
何もしない	2.4%
呼称のみ	1.0%
指差のみ	0.7%
指差呼称	0.4%

※芳賀繁による研究論文『「指差呼称」のエラー防止効果の室内実験による検証』より

第3章

個別事例から学ぶ
事故防止の具体策

1 歩行介助中の転倒事故の防止対策

　本章では、介護の現場で個別の利用者に対して取り組んできた、転倒や誤嚥などの具体的な事故防止対策について事例を挙げて紹介します。

（1）歩行介助中の転倒事故の防止対策の考え方

　自力で歩行ができ、転倒の危険がある利用者の、歩行時の転倒を防止することは極めて難しいと考えなくてはなりません。介護現場では、「Ｂさんは歩行が不安定なので常時見守りが必要」などと介護計画書に書いてありますが、常時見守ることは不可能ですし、見守っているだけで歩行中の転倒が防げるとは限りません。

　実際に歩行介助中の転倒をどれくらい阻止できるか、付き添い歩行時の転倒阻止実験をしたことがあります。30cm以内の極めて近距離で付き添いをしていて、急に利用者がふらついたとき転倒を防止できる確率は20％くらいでした。ですから、歩行中の転倒を防ぐための対策は「安全に歩行できる条件づくり」と「転倒してもけがをさせない工夫」の2点しかありません。

　私たちは、この2点の対策を介護計画書で家族に説明しています。たとえば、デイサービスで歩行中に転倒する危険がある利用者の介護計画書には次のように記載しています。

〇歩行時の転倒危険について
　Ａ様は自力で歩行することが可能ですが、極めて不安定であ

> り、居宅と異なりスペースの広いデイサービスでは転倒の危険が大きくなります。そこで、転倒の危険を減らすために当デイサービスでは、次のような防止対策を検討しました。A様の安全な歩行のためにご家族様の意見もぜひお願いいたします。
> ①歩行能力（筋力とバランス能力）の維持・向上のための、基礎的運動（軽い体操）を行います。
> ②立ち上がった瞬間が最もバランスを崩しやすく、職員も対応が難しいため、立ち上がるときには、極力職員を呼んでいただくよう、毎回来所時にお話します。
> ③無理なく立ち上がれるいす、歩きやすい床、歩行時につかまる手すりなど、安全な歩行環境に配慮していますが、100％安全な環境というのは困難ですので、ご理解をお願いします。
> ④転倒したときにけがを防ぐため、敷物を敷いた場所などでお過ごしいただくなど、できる限りの配慮をいたします。
> ⑤歩行の安定のためには、杖、履きやすい靴（履き慣れた履物）、動きやすい服装などが大切です。安全な歩行に適した状態で来所されるよう、ご家族もご配慮をお願いします。

　ここで、リスクに関する介護計画書への記載の注意点について触れておきましょう。「歩行が不安定なので常時見守りが必要」などと、抽象的で誤解を招くような記載は一切避け、できる防止対策を具体的に記載することです。さらに、できないことについても介護計画書に書いておきます。事故が起こったとき債務不履行（契約違反）として、過失がなくても責任が発生することがあるからです。
　また、防ぎにくい事故に関して家族にリスクをどのように伝えたらよいかも工夫が必要です。防げない事故については家族にリスク

を共有してもらうことが必要であると前述しましたが、リスクを説明するためには伝え方のコツがあります。それは「リスクと防止対策をセットで伝える」ことです。家族はリスクだけを伝えようとしても聞く耳をもってくれません。たとえば、ショートステイの初回利用の前の家族面談で、「お母様は歩行が不安定なので4、5回転倒して、5回目はきっと骨折しますよ」と伝えたら、ケンカになってしまいます。「転倒の危険があるので施設では次のような防止対策を講じていきます。ぜひご家族様のご意見もおっしゃってください」と伝えれば家族も聞く耳をもってくれます。

（2）事故防止の具体策

歩行中の転倒の防止策について、実際の具体的な事例を2つ紹介します。1つ目は「服薬の見直し」で、2つ目は「居室の床の改善」です。

■1 高齢者の服薬の見直し

まず、服薬の見直しについては2008（平成20）年4月に、国立保健医療科学院という医療研究機関から「高齢者は服用を避けたほうがよい薬」というリストが公表されています。私たち成人が飲んでも弊害（副作用）は起こりにくいのですが、高齢者が服用すると副作用が出やすいという処方薬が70種類リスト化されました（国立保健医療科学院疫学部ホームページ参照）。このリストの具体的薬名については一部の臨床医からは異論も出ていますが、高齢者の代謝能力や生理機能の低下を前提に現在の多剤処方状態を考えれば、高齢者の服薬の見直しという趣旨は間違っていません。実際に、このリストに登場する服薬を見直したことで、転倒や誤嚥が減ったり、認知症の利用者のBPSDが減っていることも事実です。

その後、2011（平成23）年12月には日本看護協会出版会から『高齢者ケアのための"くすり"の知識』が出版され話題となりました。この本には在宅の高齢者の服薬見直しの具体的な事例が豊富に掲載されており、参考になります。
　また、最近では2013（平成25）年7月に厚生労働省から「かかりつけ医のためのBPSDに対応する向精神薬使用ガイドライン」という資料が発表されています（厚生労働省ホームページ参照）。この資料は、厚生労働科学研究費補助金厚生労働科学特別研究事業において行われた「認知症、特にBPSDへの適切な薬物使用に関するガイドライン作成に関する研究」の成果として、公表されたものです。このガイドラインは、「認知症施策推進5か年計画（オレンジプラン）」の1つの柱である、地域での生活を支える医療サービスの構築の一項目として策定されたものであり、かかりつけ医によるBPSDに対する薬物療法の進め方や、BPSDの治療に使われている主な向精神薬とその使い方の留意点等について取りまとめたものです。
　認知症の利用者が起こすBPSDに対して、根本的な治療をする処方薬はなく、行動を改善または抑制することを期待して抗精神病薬の適応外処方によって対応してきました。しかし、安易な向精神薬の使用は利用者のQOLの低下につながるばかりか、薬物の強い副作用により認知症を含む本人の生活状態・健康状態を悪化させていることが以前から指摘されてきました。ガイドラインの公表によって、在宅における認知症利用者の BPSDへの医療対応では非薬物的介入を原則とし、向精神薬の処方に歯止めがかかることになりました。

2 施設の居室の床の改善

　築年数が5年以上の特養や老健で特徴的な転倒リスクの要因は、

居室や廊下の床の異常な硬さです。最近開設されたこれらの入所施設では、床材の材質が大きく改善されて「歩きやすくクッション性がある安全な床材」が使用されています。ところが、古い特養や老健の床の材質は、コンクリートの表面に厚さ1mmのビニール床材を直接接着剤で貼ったものが多く、専門家にいわせれば"むき出しのコンクリート"と同じ硬さだそうです。

　転倒しやすく、転倒したときに骨折しやすい骨の脆（もろ）い高齢者を、なぜむき出しのコンクリートの床の部屋で生活させているのでしょうか？　**図表3-1-1**の写真は、築20年の特養で転倒の危険の高い利用者18人の居室に、特殊なカーペットを貼りつけたものです。このカーペットは裏にソフトラバーという衝撃吸収材が使われており、たった2mmの厚さでも転倒したときの衝撃を吸収してくれます。

　前述の損害軽減策の考え方で、転倒しても骨折しない対策を講じたのです。最近ある施設を訪問したとき少し驚いたのは、ヨガマットを床に貼っている施設があったことです。ヨガマットは低反発素材のため、かなり衝撃吸収性が高いと聞きました。

【図表3-1-1】居室の硬い床を衝撃吸収材で覆う

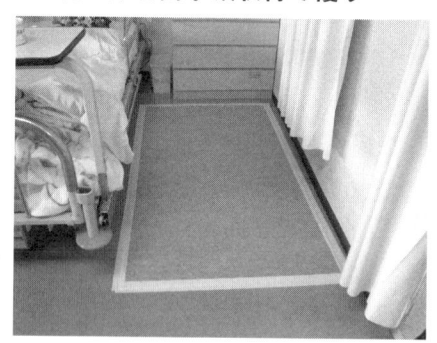

2 誤嚥事故の防止対策

（1）誤嚥事故の防止対策の考え方

　前述の通り、嚥下機能の研究や食事形態の開発が進んだことにより、食事介助では従来とは異なった試みが次々となされるようになりました。しかし、どんなに嚥下機能や食事形態の研究開発が進んでも、食べ物を食べるうえで誤嚥の危険はゼロになりません。ですから、摂食機能のアセスメント、食事形態の選択、食事に適した環境など、誤嚥防止対策をできる限り講じると共に、誤嚥事故が発生した場合の対処が重要になります。ここでは、食事介助時の誤嚥防止対策と認知症利用者の誤嚥防止対策をご説明します。

（2）事故防止の具体策

■1 食事介助時の誤嚥防止対策

　食事介助時に介助者が注意すべき点はたくさんありますが、実際に施設の食事介助の状態を見ていると"時間との戦い"のような介助をしている職員がたくさんいて心配になります。最低限、次の点については、徹底していただきたいと思います。

1）覚醒の確認

　以前、集団介護の典型のような施設の食事介助の様子を見る機会があり、食事が終わるまでハラハラさせられました。昼12時には約80人の利用者が一斉に大食堂に集められて座っています。食

事介助を行う職員が順番に利用者の介助をしていくのですが、当然、介助が必要なすべての利用者の食事を一斉に介助することはできません。座ったきりで"おあずけ"状態になっている利用者がたくさんいました。待たされている利用者は車いす上でウトウトしており、そこへ、食事介助の職員が突然やってきて「○○さんの番ですよ、はい、お口をあーんして！」といきなり食事の介助を始めます。ほとんどの利用者は眠っているところをたたき起こされている状態ですから、すぐにむせます。こんな乱暴な食事介助はめったにありませんが、なぜ全員一律に行動させるのでしょうか？

2）相手のペースに合わせて介助する

　前述の施設で、もっと気になったのは飲み込みが悪く食事のペースの遅い利用者を急がせる職員が多いことです。私たちが「口だけ優しい介護職員」と呼んでいる職員が多く、「ゆっくり食べてくださいね〜」などと口では優しいことをいっているのですが、まだ飲み込んでいないのに次のスプーンが口元に運ばれ待機しています。つまり、態度では「早く食え」といっているのです。高齢者は介護職員の態度に敏感ですから、「早く食べないと迷惑をかける」と気を遣い、無理に飲み込もうとして誤嚥を起こします。"利用者が食べ物を飲み込んだことを確認してから口元にスプーンを運ぶ"という基本中の基本が疎かになっています。

3）低いいすで介助する

　食堂で全体を見渡したとき、利用者の隣に座って食事介助をしている職員が頭1つ分だけ高く飛び出して見えることがあります。それは職員が食事介助用に座っているスツール（丸いす）の高さが高いためです。小柄な利用者に対して大柄な職員が高さのあるいすに

座り、食事介助をすると、スプーンの位置が高くなり、利用者は顔を上向きにして食べなければなりません。顎が上がり顔が上向いた姿勢で食べ物を飲み込むことで、誤嚥事故の危険は極めて高くなります。

4) 認知症利用者特有の誤嚥事故

　ある施設で認知症の重い利用者が肉団子を丸呑みして、喉に詰めて窒息して死亡しました。肉団子はとろみがついていて滑りやすくついうっかり喉に入ってしまいますが、表面が硬く咽頭後部にはまってしまうと吸引さえもできなくなります (**図表3-2-1**)。

　施設側は「利用者は嚥下機能が正常であり、食事形態も普通食と介護計画書に書いてあるので施設に過失はない」と主張しました。しかし、被害者の息子さんは「認知症の重い父は食べ物を安全に食べる注意力が低下していて、詰め込んだり丸呑みをすることがあるので、肉団子のような喉に詰まりやすい食べ物は小分けにして提供するべきだ」と主張しています。その後、訴訟になりましたが、この施設側の主張は認められるでしょうか？

　おそらく施設の主張は認められないでしょう。なぜなら、食事形態というのは、嚥下機能や摂食機能に合わせた安全配慮であり、認知症の利用者の誤嚥リスクとは無関係だからです。認知症の利用者の誤嚥リスクとは、被害者の息子さんが主張するように"認知能力の低下から安全な食べ方ができなくなること"なのです。

　このような知的能力の低下から危険な食べ方をして、誤嚥を起こす事故は、知的障害者施設では頻繁に起こります。そのため、知的障害者施設の食堂には、全体を見守る職員が必ず1人は配置されているのです。

【図表3-2-1】肉団子の誤嚥の状況

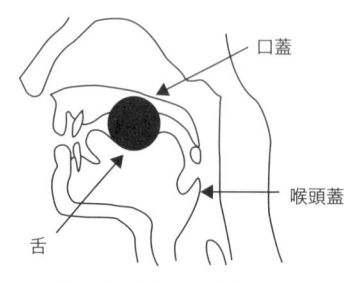

舌と口蓋に挟まれたとき、そのまま喉の奥（咽頭口部）に運ばれる

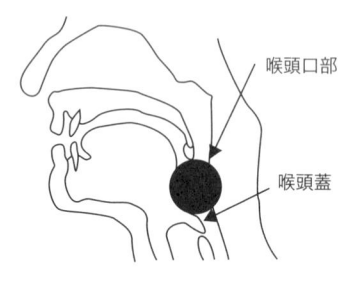

咽頭口部の下部に詰まり咽頭蓋を押し付け気管を塞いでしまう

5）片麻痺の利用者も摂食機能が低下する

　嚥下反射障害などの嚥下機能（食べ物を飲み下す機能）が低下するような障害をもっている人は少なく、誤嚥事故の多くは高齢者や片麻痺の人に起こります。高齢者や片麻痺の障害をもつ人は食べ物を"飲み込みにくく"なります。片麻痺の利用者が典型的ですが、食べ物を飲み込みにくくなるは、片麻痺によって口腔内の運動機能に障害が出るからです。

　私たちは食べ物を歯で噛み砕いた（咀嚼）後にすぐに飲み込むわけではありません。咀嚼した食べ物を口のなかで唾液と混ぜ合わせ、食べ物の塊を作り、これを舌の上に乗せて軟口蓋と舌で挟み込んで喉の奥に送り込みます。この口のなかで食べ物の塊を作ることを「食塊形成」と呼びます。

　片麻痺の利用者はすべて、この食塊形成の機能が低下しているため、咀嚼した食べ物が口腔内でまとめられなくなり、嚥下機能に影響が出ます。ですから、「○○さんは嚥下機能が低下している」というよりは、高齢者施設で障害をもつ利用者のほとんどが、摂食機能に障害をもっていると考えるべきでしょう。

3 排泄介助中の事故の防止対策

（1）排泄介助中の事故の防止対策の考え方

　排泄介助中に起きる典型的な事故は、「便座への移乗時の転倒」と「便座からの転落」の2種類です。これらの対策をきちんと行うことである程度事故を防ぐことができます。また、排泄介助中の事故を防ぐためには、安全なトイレの設備が大前提となります。20年前のようなL字手すりだけのトイレでは、安全な介助は期待できません。

（2）事故防止の具体策

■便座への移乗時の転倒

　片麻痺の利用者を車いすでトイレ介助にお連れしたとします。車いすから便座への移乗を介助しますが、このときズボンを脱がせるという介助行為が加わります。移乗介助をしながらズボンを脱がせるという無理な介助方法が転倒事故の原因になります。

　ときどき車いすから利用者を立ち上がらせたまま、ズボンを下ろしている職員がいますが、この介助方法が最も転倒事故を起こしやすいため、あまりよい介助方法とはいえません。急がば回れで、一度便座に移乗させてから、上半身を前に抱え込むようにしてズボンを下ろすほうが安全でしょう。

　先日ある施設で、利用者の身体を前から抱えて、介護職員が低いいすに座ることで大変楽に移乗介助をしている光景を見て感心し

てしまいました（**図表3-3-1**）。

【図表3-3-1】車いすから便座への移乗介助

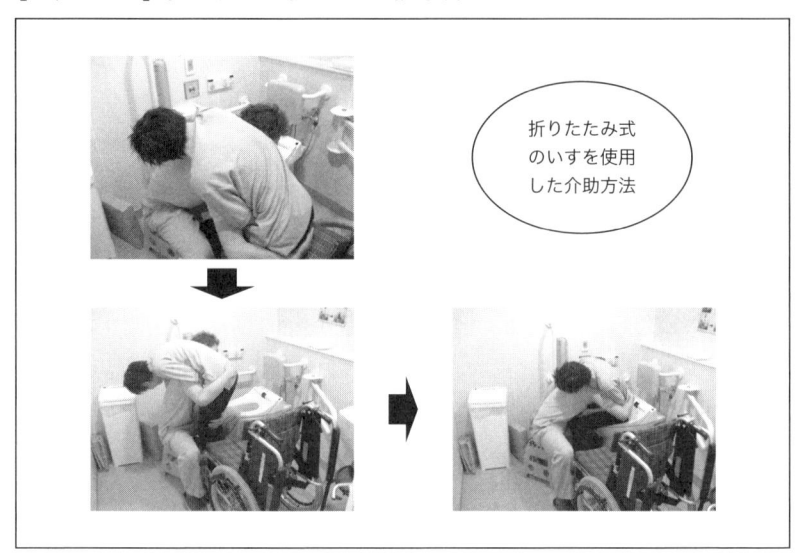

折りたたみ式のいすを使用した介助方法

写真提供：社会福祉法人練馬区社会福祉事業団

2 便座からの転落

　車いすから便座に移乗しズボンも下ろして、さあ一息と思ったら利用者がバランスを崩して便座から転落してしまった、という事故がかなり発生しています。この便座への移乗介助直後の便座からの転落事故の原因は次の2つです。1つ目は、便座への移乗介助後に座位の安定を確認していないこと、2つ目は、便座の高さが高すぎるため、足が床につかずバランスがとりにくいことです。

　便座の高さは通常42cmありますから、私たちが日常座っているいすよりも2cm高いことになります。この高い便座に対して80代の女性の下腿長（膝下の長さ）の平均は36～37cmですから、5～6cm足りません。かかとがしっかり床につく大柄な高齢者は少ないため、

当然、足台が必要になります。

　この便座での座位の安定を保持するために使う足台は、少し高め（8〜10cm）のものを使うほうがよいでしょう。少し膝が浮くくらいが、便座でお尻が安定しますし、腹圧もかけやすくなります。

　さて、便座への移乗を介助したあとは「終わったら呼んでください」といってドアを閉めるのが、通常の介助方法です。つまり、排泄中にバランスを崩したら便座からの転落は防げないことになります。この排泄中のふらつきによる転落にはどのように対処したらよいでしょうか？　図表3-3-2の写真を見てください。左が築20年の特養のトイレで、右が築2年の老健のトイレです。

【図表3-3-2】古い施設のトイレと新しい施設のトイレ

A：築20年の特養のトイレ　　　B：築2年の老健のトイレ

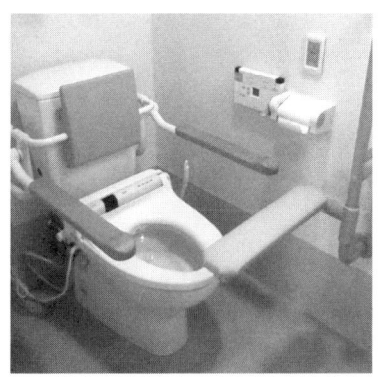

　Aの築20年のトイレで、全盲で左片麻痺の利用者が排泄中に左前方に転落して頭部を強打して亡くなりました。施設では、各フロアにBのような最新の設備がついたトイレを1つずつ設置しました。Bのトイレは便座の高さが低く、足裏が床につくので座位が安定します。また、座位の安定を援助する手すりがたくさんあるので、排泄中にふらついても転落する危険はありません。どんなによい介助

をしていても、設備が陳腐化(ちんぷか)していては、事故を防げません。10年前にはその時代の安全性として当たり前だったものが、10年後には新しい製品の登場により安全性が劣るようになるのです。この陳腐化リスクに対応するには改修費など多額の費用がかかるケースがありますが、安全な施設・設備を維持していくためには必要な経費です。

4 入浴介助中の事故の防止対策

（1）入浴介助中の事故の防止対策の考え方

　浴室で利用者の手引き歩行中に転倒し、側頭部を強打して亡くなったという事故がありました。介護職員は「自立度の高い利用者で本人も歩けるといったので」と、言い訳をしていました。しかし、浴室は事故が起きれば必ず重大事故につながる危険度の高い環境です。このような危険度の高い環境で、通常と同じ介助方法を選ぶのはプロとはいえません。プロであれば万一のことを考えて、利用者を説得してでもシャワーチェアで移動させるべきでしょう。

　浴槽内の溺水事故も同様で「自立度が高く安定のよい人だから」と目を離している間に、利用者が溺れて亡くなってしまうケースがあります。自立度が高い利用者とは、自分で身体を動かすことができる人ということですから、浴槽のなかで身体を動かしバランスを崩す危険性が高い利用者だと考えなくてはなりません。いずれの事故も、「ひとたび事故が起きれば重大な事故につながる危険な環境」という認識があれば防げた事故です。

（2）事故防止の具体策

■1 大きな浴室は歩行禁止

　特養や老健のような大型入所施設の浴室は大変広いため、職員も利用者も動線が長く、どんなに利用者の自立度が高くても、どんなに職員が注意していても、転倒事故が死亡事故のような大事故につ

ながることがあります。ですから、浴室内の移動は面倒でもシャワーキャリーを使用するというルールを徹底してください。特に両手引き歩行は歩行の介助をする職員が後ろを向いているため、他の利用者に衝突するなどの事故も起きています。絶対に避けなければなりません。

2 浴槽内の溺水事故

　浴槽で利用者が溺れる事故が起きると、職員は「見守りを怠ったことが原因」と事故報告書に書きますが、本当の原因は違います。大型入所施設は浴槽も大きく、浴槽内でバランスのとりにくい片麻痺の利用者は溺れる危険がもともと高いのです。一般家庭の浴槽でさえ座位の安定が保持しやすいサイズでできているのに、障害をもった人が使用する浴槽はどうして大きいのでしょうか？　最近では、一人浴槽や個浴などの名称の小さな浴槽で入浴介助を行う施設

【図表3-4-1】大型浴槽から一人浴槽へ

A：大型浴槽　　　　　　　　　　　B：一人浴槽

が増えてきました（**図表3-4-1**）。介助方法に慣れるまでは少し時間がかかりますが、慣れてしまえば安全で快適な入浴介助ができるそうです。

❸なぜ入浴介助中に職員が浴室から出るのか？

　ある老健で入浴介助中に、職員が脱衣所に出て行って戻ってみると、浴槽内の利用者が溺れていて、救急搬送先で亡くなりました。職員は「たった10秒間なので大丈夫だと思った」といいました。施設管理者は、「入浴介助中に利用者を残したまま浴室から絶対に出ないこと」と厳しく指導していましたが、このルールは守られなかったのです。

　たとえルールがあっても「ほんの少しの間なら」と、ルール違反が起こります。"なぜ浴室から職員が外に出るのか？"という理由をはっきりさせ、「出る理由」をなくさなくては根本的な解決にはなりません。

　試しに老健職員全員に「たった5秒間でも利用者を浴室に残して外に出た経験があるか」を調べてみると、90％以上の職員に経験がありました。次に「なぜ浴室から脱衣所に出るのか？」と理由を尋ねたところ、ほとんどの人が「足りないものがあって脱衣所にとりに行く」と答えました。前述の溺水死亡事故のケースでも、職員に同じ質問をすると「Hさんはt字カミソリじゃないと嫌だというのでとりに行った」と答えました。HさんがT字カミソリしか使わないことは始めからわかっているのですから、必要な物品のリストを壁に貼っておき入浴前に必ずチェックすればよいのです。

第3章　個別事例から学ぶ事故防止の具体策

5 ベッドからの転落事故の防止対策

（1）ベッドからの転落事故の防止対策の考え方

　前述の通り、最近ではベッドからの転落事故を防止するためにベッド柵を設置することができなくなりました。そこで、低床ベッドを導入したうえで、ベッド脇の床に衝撃吸収マットを敷くという対策が一般的になりました。しかし、低床ベッドを導入するのも費用がかかりますから、一朝一夕にできない施設もあります。ベッドからの転落原因に着目して対策を立てることで、ある程度は防げることがわかりましたのでご紹介します。

（2）事故防止の具体策

❶ベッドから転落する原因

　ある施設で、就寝中のベッドからの転落事故を分析したことがあり、調べてみると興味深いことがわかりました。夜中にベッドから転落した事故を調べてみると、ベッドからの転落原因が2種類あることがわかったのです。1つ目は「ベッドから降りる意思がないのにベッド上で動いていたら落ちてしまった（多動になって転落した）」というケースで、2つ目は「ベッドから降りようとして誤って転落した」というケースです。

　この2つの原因のうち圧倒的に多いのは2番目の「ベッドから降りようとして転落する」というケースです。つまり、ベッドから降りる理由があるのですから、この理由を突きとめて未然に対策を講

じれば、ある程度の事故は防げます。

　ベッドから降りようとする理由の第1位は排泄欲求です。そのため就寝前のトイレ誘導を適切に行い、頻尿の方であれば尿器やポータブルトイレを使用することで、安全に排泄を行うことができます。

　私たちがこの夜間の排泄にかかわる調査をしたとき、少し驚いたことがあります。同じような施設でありながら、終日オムツの利用者の数の違いが大きいことです。

　終日オムツの利用者が最も少なかった施設は、100床の特養で8名でしたが、この施設の平均要介護度は4.3ですから、かなり重度な利用者が多いことになります。これに反して終日オムツの利用者が最も多かった施設は、70床の特養で56名でした。平均要介護度は3.8です。つまり、後者の施設は座位がとれてトイレに行けば自分で排便ができる利用者にオムツをあてがって、オムツ内の排泄を強要しているということです。さらに、一斉オムツ交換の時間があり、流れ作業になっていました。

　この施設ではベッドからの転落事故だけではなく、立位の保持ができない認知症の利用者が、車いすから突然立ち上がってそのまま転倒するという事故が頻発していました。オムツ内の排泄では、排尿と排便で不快度が著しく異なります。利用者はオムツ内の排便が気持ち悪いと意地でもトイレに行こうとして、無理をしてベッドから転落するのです。排泄という介護の根幹の部分を手抜きすると、事故に直結するということを思い知らされました。

6 行方不明事故の防止対策

(1) 行方不明事故の防止対策の考え方

　自力歩行ができる認知症の利用者が施設を抜け出して行方不明となり事故に遭遇すると、多くの場合、過失として賠償責任を問われます。2001（平成13）年に浜松市のデイサービスで行方不明になった利用者が、海で溺れて亡くなりました。この事故が訴訟となり、判決で施設の過失が認められたからです。つまり、裁判所の見解は「認知症が重く単独で屋外に出れば危険だという人は外に出してはいけない」というものです。

　しかし、現実には歩ける認知症の利用者を施設の外に出さない、ということは不可能ですから裁判所の見解は無理な要求なのです。どんなにセキュリティが万全の施設でも、行方不明事故は起きています。ですから、認知症の利用者の行方不明は避けられないという前提で、対策の骨子は次の2つになります。

　1つ目は「いなくなったことにすぐに気づく」ということ、2つ目は「行方不明に気づいたら万全の捜索を行い迅速に保護する」ということです。この2つの考え方に基づいてマニュアル化しておく必要があります。

(2) 事故防止の具体策

■1 行方不明事故防止マニュアル作成のポイント

　行方不明事故の防止マニュアルを作るうえで、基本となる8つのポイントがあるのでご紹介しましょう。

1）認知症利用者の運動能力は高い

　身体に障害のない認知症の利用者は、一般の高齢者に比べて驚くほど高い運動能力を発揮します。ですから、「お年寄りだからこんなことはできないだろう」と高を括ってはいけません。裁判になった浜松市のデイサービスの行方不明事故では、小柄な高齢者が高さ84cmの窓から脱出しました。

2）高度なセキュリティも完璧ではない

　暗証番号つきエレベーターや出入り口のセンサーなど、どんな高度なセキュリティでも完璧に機能するとは限りません。セキュリティが高度な施設ほど「絶対出られないだろう」と職員が思ってしまい、行方不明発生時の捜索が遅れて、かえって逆効果になります。

3）事務室の目は最後の砦

　事務室前のエントランスから出ようとしている認知症利用者を、事務室内の事務員や相談員が発見して難を逃れたというケースが大変多く、事務室の目は最後の砦になっています。事務員の机を外が見える場所に配置したり、行方不明の危険の高い利用者の写真を事務室内の目立たない場所に貼っている施設もあります。

4）危険度の高い人のみ巡回や見守りを強化

　認知症の利用者の行方不明を完璧に防ぐことは不可能ですから、行方不明の発生に早く気づくことが大切です。夜勤帯では、巡回の頻度が問題になります。通常入所では、22時、0時、3時、5時という巡回が一般的ですが、ショートステイのみ1時間おきに巡回するルールに変えた施設もあります。

5）発生時の初期対処をルール化
　行方不明が発生したとき、迅速な捜索を行うことが必要です。そのためには、利用者が所在不明になったときの初期対処方法をルール化しておかなければなりません。主な手順は次の通りです。
　①他の職員の手を借りて、フロア内、施設内を10～20分探す。
　②見つからなければ敷地内を10分程度探す。
　③それでも見つからない場合は、施設長と家族に連絡して警察に捜索願いを出し、施設外の捜索に移る。

6）施設外の捜索は外部にも依頼する
　行方不明が発生したとき、何時間も施設の職員だけで付近を捜索していることがありますが、これは絶対にいけません。地域のありとあらゆる協力組織に捜索をお願いします。利用者が事故に遭った場合、職員だけで探している時間が長ければ、家族は「不祥事を外部に出したくないために、万全の捜索をしなかった」と考えるからです。近所の商店街などに協力要請のチラシを配布している施設もあります。

7）万全の捜索を尽くすこと
　夜間の場合は捜索を依頼する相手は制約されてしまいますが、昼間であれば次の機関や組織に協力をお願いします。
　警察・消防団・学校（校内放送で生徒に下校時の協力を要請）・他の施設・タクシー無線・自治会や町会（「徘徊SOSネットワーク」がある自治体は活用する）

8）どこを重点的に探したらよいか
　過去に行方不明になった認知症利用者が、事故に遭遇した場所に

は共通点があります。それは、山、森、川、池、海など自然環境の豊かな地域に集中しており、なぜか市街地ではあまり事故に遭遇していません。ですから、まずは、施設の近くの山や森などを集中的に探す必要があります。

2 セキュリティを過信した施設

　ある特養のショートステイで歩行が自立している認知症の利用者が行方不明になりました。ショートステイの初日で入所後から「家に帰らなくては」と出て行こうとしていたそうです。夜8時に就寝確認後、深夜12時に訪室するとベッドに姿はなく、夜勤職員は施設内を探しましたが見つかりません。セキュリティ会社から派遣されている警備員が「絶対外に出て行けるはずがない」と強く訴えたため、朝6時まで施設内を探しましたが発見できず、翌朝から職員総動員で周辺を捜索しました。

　すると、施設から500ｍ離れた森のなかで転倒して亡くなっているのが発見されました。警察の検死で死亡推定時刻は午前3時と判明し、息子さんは謝罪する施設管理者に向かって「夜12時にいなくなったことに気づきながら、朝6時まで施設内を探していたというのはどういうことか！」と詰め寄りました。すぐに周辺を捜索すれば命だけは助かっただろう、というのが家族の強い思いです。当然、家族は施設を相手取って訴訟を起こしました。

　訴訟を起こされた施設を運営する法人で弁護士に相談したところ、弁護士は「こんな過失が大きくては戦えない」といったそうです。ただし、この弁護士が「過失が大きい」といった根拠は、家族の指摘した行方不明発生時の対処の遅れではありませんでした。弁護士の指摘した過失というのは、8時の就寝確認後12時まで巡回をしていなかったことです。朝の入所時から「家に帰る」と不穏だった利

用者に対して、4時間も見守りを欠かしたことが過失になると判断したのです。

　では、何時間おきに巡回をすれば裁判所は見守りを怠っていないと判断するのでしょうか？　運営基準など法令に決まりのない基準については、裁判所は「一般的・標準的な施設は夜勤帯にどのくらいの頻度で巡回しているか」を基準に過失の判断をします。つまり、弁護士はショートステイの認知症の利用者を夜間に4時間巡回しなかったことが、他の標準的な施設の巡回頻度より劣ると判断したのです。この夜勤帯の巡回頻度は、ショートステイでは本入所と区別している施設が少なくありません。行方不明事故はショートステイで頻発しているからです。

❸ 地域に応援を求めたデイサービス

　あるデイサービスで、認知症の利用者が午後2時半に突然いなくなりました。ほんの少し目を離した隙にすぐに出て行くとても足の速い利用者で、施設からいなくなったのは3回目です。デイの現場リーダーは突然、近所の公立中学校に走っていきました。リーダーは、以前から顔見知りだった中学校の校長先生に「生徒さんが下校時に見かけたら学校に連絡をくれるように頼んでもらえないか」と依頼しました。

　校長先生はすぐに校内放送で生徒に行方不明になっている利用者の特徴を伝えて、見かけたら学校に連絡してほしいと頼んでくれました。数時間後、中学校の男子生徒3人がこの利用者を見つけて、デイサービスまで連れてきてくれました。

　認知症の利用者の行方不明は防げないことが前提ですから、発生したときにいかに迅速に地域に探す目を作ることができるかが勝負なのです。

7 誤薬事故の防止対策

（1）誤薬事故の防止対策の考え方

　誤薬事故は職員のミスが原因で起きる典型的なヒューマンエラーです。そのため、ミスをなくせば事故をゼロにできるかもしれません。しかし、配薬ミスをしないように注意しよう、というだけではただの気合論で、事故防止対策になりません。効果的な誤薬の防止対策は、「配薬ミスを発見するチェックの仕組みを作る」ことです。

　配薬ミスを発見するチェックのマニュアルを作り、マニュアル通りにやっている施設はたくさんあります。しかし、このマニュアルのチェック方法が本当に効果的な方法なのかを検証してほしいのです。なぜなら「服薬の前には利用者の氏名を声に出して読み上げて職員2人でチェックする」など大変手間をかけている施設がありますが、この施設では、2人でチェックしているのにもかかわらず何件も誤薬が起きている場合があるからです。

（2）事故防止の具体策

　ある看護師のアイデアで、誤薬のチェック方法を「見える化」した施設があります。食札に利用者の写真を貼って、写真で本人確認をすることを始めたのです。すると、人為的な取り違えによる誤薬はゼロになりました。次にこの看護師は、薬の写真を食札に貼りました。すると、薬の取り違えも激減しました。先日、調剤薬局で一包化してくれているので間違いないと思われた薬に間違いが発見さ

れ、とてもビックリしていました。

　この法人では、この「見える化対策」をデイサービスのお薬袋にも応用して、お薬袋に薬の写真と本人の顔写真を貼って服薬前に確認するようになりました（図表3-7-1）。

【図表3-7-1】デイサービスのお薬袋（写真は筆者のもの）

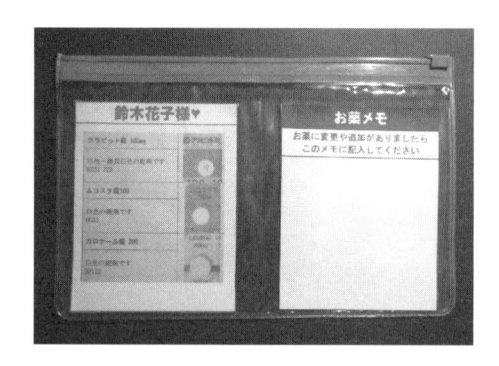

A：お薬袋（薬の写真）

B：お薬袋（本人の顔写真）

8 原因不明の骨折事故への対策

（1）原因不明の骨折への対策の考え方

　高齢になれば誰でも骨がもろくなり、骨折しやすくなります。入所施設の利用者は、運動量が少なく、動作に使わない麻痺足などは簡単に骨折します。この施設入所者の原因不明の骨折事故を完全に防ぐことはできるでしょうか？　どんなに丁寧に介助しても、これらの偶発的な事故を完全に防止することはできません。そのうえ認知症利用者の骨折事故は発生状況がわからず、さらに対応が難しくなります。

　では、このような原因不明の骨折事故に対しては、どのように対処したらよいのでしょうか？　ポイントは次の4点になります。

①骨折を早期に発見する（絶対見逃さず、家族より先に発見し連絡する）。

②骨折断面の損傷状況や外傷・内出血の状況から、受傷の状況を推測する。

③前記推測をもとに、まず介助中の骨折の可能性を優先して検討し、可能な防止策をすべて検討する。

④実施可能な防止策とその効果について、家族が納得いくように説明を行う。

（2）トラブル防止の具体策

　自発動作の少ない認知症の利用者の家族から「麻痺側の上腕に内

出血の跡があり腫れているようだ」と申し出があり、受診してみたら骨折していました。このように骨折事故の発見が遅れたうえ、家族に先に発見されると、大きなトラブルになります。

　麻痺側であれば痛みを感じにくく、認知症が加わればなおさらです。しかし、家族は「腕にアザがあるのにこれを施設が見過ごして、何日間も痛みを我慢させられた」と感情的になります。このトラブルを避ける方法は、まず更衣と入浴（清拭）の介助時に必ず利用者の身体をよく見て、少しでも異常を発見したときは、ナースによるチェックを行うことです。ナースは「痛み」「腫れ」「内出血」「外傷」「可動域」の5項目をチェックし、家族に連絡を入れ受診の可否について判断を委ねます。「これくらい大丈夫だろう」という安易な判断はトラブルになりますので、必ず家族に意見を求め判断を委ねることが大切です。

　また、重度の認知症の利用者であっても、痛みの訴えだけは絶対に無視してはいけません。「痛みがないのに、いつも『痛い、痛い』といっている利用者の骨折を3日間放置した」という事故がありました。激怒した家族は「きっと生命にかかわるような痛みの訴えも無視されるだろう」と、他の施設に移ってしまいました。この場合も家族に連絡して、家族に受診の判断を委ねればよかったのです。

　原因不明の骨折事故が起きたとき、「どうやって折れたのかわからない」の一点張りで押し通す施設がありますが、再発防止の姿勢が感じられないので家族は納得できません。それでは、事故状況が不明な事故はどのように防止策を検討したらよいのでしょうか？事故発生状況を推測し、介助時の事故の可能性を検討して、少しでも多くの防止策を提案することが家族の納得を得る唯一の手段です。

　先ほどの上腕が骨折していた事例で検討してみましょう。骨の折れ方には3種類の折れ方があるといわれています。「打撲」「圧力」「ひ

ねり」の3つの力のいずれかによって骨折します。そのため骨折した骨の状態や外傷・内出血の状態から、どんな折れ方をしたのか推測できる場合があります。医師に意見を聞ければもっと推測が容易になります。

次に介助時の骨折場面を想定し、防止策を探ります。たとえば打撲によって起こった骨折であれば、介助中に上腕をぶつける場面はどこだろうと考えて、車いすやベッド柵をチェックします。圧力で折れたのであれば、利用者の腕を支える場合や骨に体重がかかる場面が想定できますから、移乗や体位変換の介助が考えられます。ひねりによる骨折が起こりやすいのは更衣の介助中です。

これらの介助中の事故場面を想定して防止策を探ると共に、自発動作があれば、その場面での事故も想定し防止対策を講じます。この防止対策で重要なことは、「家族の納得が得られるか」ということです。たとえば、移乗介助の場面で骨折の可能性があった場合、「今までは職員の1人介助でしたが、これからは2人で介助します」と説明しているケースが多いのですが、2人で介助しても骨折が防止できる保障はありません。介助方法を実際に見せて、「このように介助させていただきたいのですが、いかがでしょうか？ 意見がありましたらぜひおっしゃってください」という風に了解を求めることが必要です。

9 原因不明の傷やアザへの対策

（1）原因不明の傷やアザへの対策の考え方

　人は生活していれば誰でも気づかないうちに小さな傷やアザを作ってしまいます。ですから、これらの傷やアザをすべて防ぐことはできません。しかし、傷やアザを家族が発見して施設との間で大きなトラブルに発展している事例はたくさんありますので、家族への対応をルール化することが必要です。

（2）トラブル防止の具体策

　小さな傷やアザなどは家族もさほど気にしないケースもたくさんありますが、逆にトラブルになりやすい傷やアザもあるので、チェックが必要です。それは、「どのようにできたのかわからない不自然な傷」と「打ち身（内出血）」です。
　「いったいどうしたらこんな場所にこんな傷がつくのだろう」というような傷を、家族が先に発見すると、最悪の場合「職員がわざと傷つけたのではないか？」と虐待の嫌疑につながることがあります。また、「どこかにぶつけたような打ち身（内出血）」については、もっと強くぶつけたら骨折するかもしれないと考えるので、説明を求めてきます。
　では、原因不明の傷やアザについて、どのように説明すれば家族とのトラブルを避けられるのでしょうか？「確定的なことは申し上げられませんが、お父様の生活を見させていただくなかで、○○の

ようなものにぶつかってできた傷(アザ)だと私たちは推測しました。そこで、私共の施設では、××のような対策を考えております」と説明すれば家族は不信感をもたずに理解してくれます。

　では、傷やアザの原因はどのようにして推測したらよいのでしょうか？　傷や内出血はその形状から、どのような物に接触してできたのか受傷形態を推測することができます（**図表3-9-1〜2**）。傷や内出血の形状をデジタルカメラで撮影して、看護師にも参加してもらい検討してください。

【図表3-9-1】傷の形状と接触状況

傷の形状	他物との接触の仕方
擦過傷（広く浅い）	ザラザラしたもので擦れたために、皮膚上に広く浅く傷つく
擦過傷（線状に浅い）	先の尖ったものに軽く触れたため皮膚が細長く浅く傷つく
裂傷（線状の深い傷）	尖ったもので強く引っ掻いたため皮膚がえぐれ、皮膚の剥離も起こる
裂傷（裂け傷）	打撃・ねじれ・皮膚の引きつりなどにより皮膚が裂ける。皮膚の剥離も起こる
切創（切り傷）	ナイフなどの鋭利な刃物で切ったためにできた傷で創面が滑らか
刺し傷	針などの尖ったもので刺されたために、皮膚に細い穿孔ができる

【図表3-9-2】内出血の形状と衝突物

内出血の形状	他物との接触の仕方
小さくくっきりしている	先の尖ったものに衝突してできた内出血、皮下の浅い部分が出血する
広くぼんやりしている	丸みのあるものに衝突してできた内出血、皮下の深い部分が出血する
比較的細くくっきりしている	挟んだり、つねるなどしてできた内出血、皮下の浅い部分が出血する

※その他、内出血は内的疾患から起こることがまれにあり、その場合は形状に規則性がなくわかりにくい。

第4章

こんなときはどうする？
事故発生時の対処法

1 事故発生時の適切な対処を学ぶ

（1）事故対応マニュアルを全職員で共有する

　介護サービスや施設サービスにおいては、生活することによって起きる防ぐことが難しい事故がたくさんあります。このような不可抗力によって起きる事故に対して未然に防止する義務は、事業者や施設にもありません。しかし、たとえ防ぐことができないような事故であっても、発生したときの対処を誤れば過失として責任を問われることがあります。ですから、すべての職員が事故発生時に適切な対処ができるようにしておかなければなりません。

　事故発生時の対処については、基本的には事故対応マニュアルに従うことになりますが、事故対応マニュアルに不備があってトラブルが発生しているケースもありますので、定期的にチェックし、内容を更新していく必要があります。

（2）転倒・転落事故発生時の対処

　転倒・転落事故は目撃者がいないケース、つまり詳しい事故状況が不明なケースが多いので、転倒の状態や周囲の状況などから事故状況を推定し、慎重に対処する必要があります。マニュアルで必ずルール化してほしい点が1つだけあります。それは、受診判断の基準です。もちろん、「頭部打撲がある場合（可能性がある場合も含め）は、経過観察はせず即受診」というルールは当たり前ですが、他にも細かい留意点があります。

外観からは頭部打撲が認められないような場合でも、「広い場所での立位からの転倒」や「便座からの転落」など、状況的に頭部打撲の可能性のある場合には、原則受診とします。看護師が常駐の施設などでは、受診判断を看護師に任せているところもありますが、看護師によって判断基準が違いすぎるため、一定の判断基準を記載することが必要です。

　また、看護師の医療的な緊急受診の判断とは別に、「家族の受け取り方」も受診判断の大きな要素になります。「顔面の裂傷」「出血が多い場合」「強い痛みが続く場合」などは、実際には重篤でない場合でも、家族が重症と感じやすいケースなので、受診しないとトラブルになるケースがあります。受診判断には注意が必要です。

(3) 誤嚥事故発生時の対処

　誤嚥事故は、食事介助中などに職員の目の前で誤嚥が発生するケースと、自力摂取の利用者がいつの間にか誤嚥していたというケースがあります。前者は比較的対処しやすいのですが、後者は対処が難しく、前者とは対処方法が異なりますので、マニュアルも分けて記載します。

　職員の目の前で誤嚥が起こったときは、すぐにナースと他の職員を呼び、タッピングの施行と吸引の準備をナースへ要請します。その後は、タッピング、吸引、救急車の要請という手順で問題ありませんが、救急車要請のタイミングだけは決めておく必要があります。「15分間タッピングして改善しないので救急車を呼んだが亡くなってしまった」というケースがありますが、救急車の要請が遅いと判断され、過失になってしまいます。

　標準的な救急車要請のタイミングは誤嚥発生から7～8分です。

ご存知のように、呼吸が停止してからの経過時間と生存率の関係（カーラーの生命曲線）が、周知のデータとなっているため、対処が大幅に遅れれば、まず抗弁をすることは困難と思われます。

　次に「すでに誤嚥している利用者をあとから発見しました」というケースでは、まず呼吸と心拍を確認し、心肺停止状態であれば心肺蘇生術を施すことが、最優先となります。意識や呼吸があってもただちに吸引の施行と救急車の要請を同時に行わなければ手遅れになってしまいます。

　さて、誤嚥の対処方法が的確にマニュアルに示されていても、全職員が適切に対処できるようにはなりません。マニュアルで理解しても訓練をしなければ実際に"できる"ようにはならないからです。すべての職員が"できる"ように訓練をしてください。現状では、多くの施設で誤嚥発生時のタッピングさえもすべての職員が正確にできるようにはなっていません。

　ある施設にお伺いしたとき、職員が誤嚥発生時の対処訓練をしていました。いすに座った利用者役の職員の背中を、もう1人の職員が思い切り後ろから叩いています。これがタッピングの正しい方法でしょうか？

　私たちが一般的に誤嚥と呼んでいるものは2種類あります。食道に食べ物が詰まって窒息する場合（医学的には誤嚥といわず窒息という）と、気管に食べ物が詰まって呼吸が停止するケースです。もし、食道に食べ物が詰まって窒息しそうな状態であれば、いすで端座位のままタッピングをしてもよいでしょう。この場合、食道に詰まった食べ物を胃に落とすために、振動を与えることになるからです。

　しかし、もし気管に食べ物が詰まって呼吸が止まっている状態だったらどうでしょうか？　気管の入り口は上を向いていますから、

端座位のままタッピングをすれば詰まった食べ物が気管の奥に入って行ってしまいます。つまり、気管に異物が混入したときのタッピングの方法は、まったく異なるということになります。

正確には、「口は背中よりも低い位置にして（前かがみ姿勢）で、背中の肩甲骨の間を手のひらの手首に近い広い場所で、上から下に向かって強く5回叩く」というのが正しい方法ということになります。このとき他の職員が、腹に腕を回してもち上げると頭部が下がりやすくなり、また横隔膜を圧迫するのでハイムリック法（腹部突き上げ法。気道に異物が入ったときに除去する方法）と同じ効果があります。すべての職員が適切に"できる"ように、訓練を行ってください。

（4）誤薬発生時の対処

誤薬事故の対処で最大の問題点は、ほとんどの場合、事故後すぐに受診せずに経過観察を行っていることです。ほとんどのケースで、看護師は薬剤の性質を判断し「この利用者の身体に重大な影響はないものと判断し経過観察とする」として受診せずに経過を観察します。しかし、本当に「利用者の身体に重大な影響はない」などと断言できるでしょうか？　過去に誤薬した人でもそのときは重大な症状を引き起こしていないことから、「今度も何も起こらないだろう」と看護師も高を括っているだけなのです。

実際には看護師の甘い期待を裏切って、誤薬の死亡事故が起きています。おまけに「経過観察」といっておきながら、「何分おきに何を観察し記録するのか」が決まっていないため、経過観察記録もないのが実態です。

ある利用者がショートステイ入所中に誤薬事故で他人の薬を間違

えて飲んでしまいました。間違えて飲んだ薬は血圧降下剤と抗うつ剤だったそうです。誤薬した看護師は自分一人の判断で「この利用者の身体に重大な影響はないものと判断し、経過観察とした」そうです。

ところが、誤薬から2時間後、経過観察中に利用者は意識不明になってしまいました。看護師は慌てて利用者を病院に救急搬送しましたが、そのまま意識が戻らず2週間後に病院で死亡しました。死亡したときの施設長の対応の悪さに腹を立てた遺族は、警察に刑事告訴をしたそうです。つまり、業務上過失致死の疑いで、施設長と看護師が警察に告発されたのです。

ここで、大きな問題となったのは看護師が「間違って服薬した薬は利用者の身体に重大な影響はない」と判断したことです。このような判断は医学上の「診断」に該当しますので、医師免許をもっている医師にしか許されません。看護師は間違って飲んだ薬が利用者にどのような影響を与えるかを判断してはいけないのです。

この時点ですでに看護師の行為は違法行為になりますから、判断ミスで利用者の生命にかかわる事態になれば、大きな責任を問われるのは当たり前です。ですから、たとえどんな薬効の弱い薬であっても受診し、医師の診断を受けなければなりません。

【参考】事故発生時の対処マニュアルの例

1. 転倒・転落への対処
【1】ナースによる緊急対処
　①ナースによる緊急対処を要請する。夜間でナース不在の場合はオンコールの看護師を呼び出し、状況と容態を説明する。明らかに重症の状況がみてとれれば、ナースと相談員を緊急招集する。

②ナースは次の容態チェックを行う。
- 他覚所見チェック→意識、呼吸、表情、顔色、受傷部位と考えられる部分の腫脹や皮膚の状態(外傷)
- バイタル値チェック→脈拍数、血圧、呼吸数、SPO_2
- 痛みなどの自覚症状→痛み、吐き気、めまい、しびれ、寒気などの有無を尋ねる
- 可動域のチェック→手足関節などの痛みが大きい場合には、チェック不要
- 事故状況の聴取→転倒転落の有無や状況について尋ねる
- ※意識、呼吸、脈(心音)がない場合は、ナースは心肺蘇生術を施行し、他の職員を呼び救急車を要請する。

③発見した介護職は、事故状況を目撃していればその状況を、目撃していなければ事故前の様子を説明する。他の利用者が近くにいれば、目撃していないか確認。

④ナースの対処中に介護職員は相談員などの家族連絡担当者に連絡し、家族連絡の準備を行わせる。

【2】受診判断

次のケースでは、即受診とし経過観察は不可。
- 頭部や顔面の打撲が判明している場合、または疑われる場合
- 本人の痛みの訴えが強い場合
- 壁や家具などが周りにない広い場所で転倒した場合は、頭部を床に直接打ちつけているおそれがあるので、自覚症状が少なくても受診とする
- 高所からの転落の可能性がある場合は、自覚症状がなくても受診とする
- 家族連絡時に家族が受診を希望した場合

【3】家族連絡

- 夜間の場合はあらかじめ取り決めたルールに従って連絡を入れるが、基本的には事故が疑われる場合は必ず家族連絡を行う
- 家族連絡時に容態を説明し、看護師の受診に対する意見を伝えたうえで、家族の受診の要望を尋ねる。家族が経過観察を了解した場合は経過観察とする

※血栓予防薬などを服薬している利用者は、あとで大きな内出血痕が出現することがあるので、あらかじめ家族に説明しておく。

【4】経過観察と記録
- 経過観察とした場合は次の項目を30分おきに確認して記録する。最低2時間は観察と記録を行う
  本人が起きている場合：意識、呼吸、血圧、脈拍、体温、SPO_2
  本人が眠っている場合：表情と呼吸の様子を確認し、明らかに様子に変化があれば起こしてバイタルを計る
- 経過観察中に次の変化があった場合には、家族連絡のうえ受診する
  バイタル値の急激な変化、痛みの出現、顔色や唇の色の変化、嘔吐、その他の体調悪化

2．誤嚥事故への対処

【1】誤嚥発生時と同時に対処できる場合（食事介助中の誤嚥など）

① 必ず他の職員を呼び2人で応急対処を行う。もう1人職員がいれば、時間を計ってもらい7～8分経ったら救急車を

要請するよう指示をしておく。
②口腔内の食物を掻き出しタッピングを施行する。また、タッピングの施行中に吸引機を準備するよう指示を出す。

〈タッピングの施行方法〉

利用者が車いす座位の場合は、上体を前に倒すと同時に足はフットレストの手前に降ろし、頭部を下げて前かがみの姿勢をとらせる。このとき職員は腰に腕をまわしもち上げるようにして、腰の位置を高く支えると頭の位置を低く下げられるうえ、横隔膜を圧迫するのでハイムリック法と同じ効果を期待できる。この姿勢のままもう1人の職員が、手のひらの手首に近い場所を使って、利用者の背部の肩甲骨の間の位置を上から下に力を入れて強く叩く。3回叩いて詰まっている食べ物が出ない場合は、吸引の施行を行う。

③タッピングで容態が改善しない場合は、吸引機を使って気管を吸引する。
④吸引を施行しても改善しない場合は、救急車の要請を行う。誤嚥発生から7～8分を救急車要請の目安とする。
⑤救急車には看護師または介護職員が同乗し、救急車内での救命士の処置で排出された食物などがあれば記録する。また救命士の発言なども記録しておくとよい。

※たとえ応急処置が成功して容態が改善しても、食べ物のカスが気管に入っている場合があり、誤嚥性肺炎の原因になるので、必ず受診する。また、タッピングや吸引施行時に嘔吐があった場合、嘔吐物が気管内に侵入することがあるので、同様に受診とする。

【2】すでに誤嚥している人をあとから発見した場合（誤嚥発生からの経過時間がわからない）

①唇が紫色（チアノーゼ）で顔色が真っ白であれば、重篤な状態と判断し、呼吸と心音を確認する。誤嚥の場合、呼吸が停止しているのが通常であるため、心音がなければ心肺蘇生術を施行する。心音があれば意識を確認する。

〈意識の確認方法〉

利用者の耳元で大きな声で名前を呼びながら、肩を軽く揺らしてみる。名前を呼んでも呼名反応がなく、肩を揺らしたとき首から力が抜けてグラグラしている場合は、誤嚥発生から相当時間が経過したと判断し、タッピングは行わず即吸引を施行する。

②意識がなければ吸引と救急車の要請を同時に行い、吸引の施行までの時間に再度心音を確認し心肺停止の状態であれば、心肺蘇生を行う。

③吸引の施行と心肺状態の確認を交互に行い、心音停止であれば心肺蘇生を行う。

④救急車到着以降の対応は同じ。

※誤嚥発生に気づかず対処が遅れるケースは、食事が自立している利用者に多く発生するので、自力摂取の利用者であっても目を配り、少しでも異変があれば近くの職員に知らせ確認を行う。食事中に誤嚥を起こした利用者は、食事の動作が止まり、箸やスプーンを落としたり、テーブルに突っ伏すなどの動作が見られる。介護職員や看護師は食事介助を行っており、目配りができないため、管理職や事務職、厨房員などが全体の見守りをしている施設もある。

3. 異食事故への対処（食用でないものを口に入れることを異食・誤飲という）

①食事時間でない時間帯や居室などで、口を動かしているところを目撃した場合、異食を疑い確認する。

〈異食の確認方法〉

まず、口を開けてもらい口腔内を目で確認し、よく見えない場合は指を入れて触って口腔内の状態を調べる（白い布で口腔内を軽く拭くと出血の有無が確認できる）。このとき利用者の口に顔を近づけ臭いをかぐ。また、「何を食べたのですか？」と尋ねてみる。次に、付近に噛み切られたり、ちぎられたりしているものがないか確認し、表情・顔色・唇の色、目の充血など変化がないか調べる。

②異食の事実が確認できない場合でも、10分程度は様子を観察する。

③異食の事実が確認できた場合で、異食した物品が不明な場合は、経過観察はせず即受診とする。

④異食した物品が判明している場合は、看護師の判断で受診の可否を判断する。

〈異食・誤飲すると即生命にかかわる毒性の強い物品（日用品）〉

電池類、殺虫剤、防虫剤、石油・ガソリン類、塩素系漂白剤、マニキュア液、除光液、アルカリ性洗浄剤、薬、タバコの浸出液

〈異食すると窒息またはけがをするおそれのあるもの〉

画鋲、針、刃物など鋭利なもの、ぼそぼそして喉に詰まるもの、紙オムツの吸収ポリマー（食道内で水分を吸収し膨張するので窒息するおそれがある）

※「牛乳を飲ませる」「吐かせる」などの応急処置を行う場合もあるが、逆効果になるケースがあるので注意が必要である。防虫剤や石油製品は牛乳が中毒を悪化させ逆効果にな

る。また、強酸、強アルカリ製品や石油製品は、吐かせると食道や肺に重大な損傷を与えることがある。

4．誤薬事故への対処
①飲ませるべき薬を飲ませなかった場合や飲ませる時間に飲ませなかった場合
薬を処方した医師に指示を仰ぎ指示に従う。
②飲ませるべきでない薬を服薬させてしまった場合
誤って他の利用者の薬を飲ませた場合、どんなに影響の少ない薬剤でも、経過観察をせず即受診とする。家族連絡は行うが、受診にかかる費用は施設が負担する旨説明し、受診の了解を得る。
※誤薬した薬剤が利用者の身体にどのような影響を与えるかは、医学的診断なので看護師が判断してはならない。

5．溺水事故への対処
①迅速に利用者の頭部をお湯から上げて呼吸を確保し、ナースを呼ぶ。ナースが到着したら救急車の要請と同時に利用者の身体をお湯から引き上げる。
②意識と呼吸を確認し、心肺停止状態であれば心肺蘇生法を施行する。
③意識があればナースの指示に従って、救急車到着までの間に側臥位(そくがい)にして水を吐かせるなどの、応急処置を行う。
※意識があり水を吐いて容態が改善しても必ず受診させる。風呂のお湯が肺胞内に侵入すると肺水腫を起こし重篤な状態になることがある。

2 トラブルに発展させない！事故発生後の家族対応

（1）事故発生後の家族トラブル

　最近の施設の介護事故は事故後に大きなトラブルに発展するケースが増えており、最悪の場合、訴訟になっています。「利用者の家族の権利意識が強くなった」という管理者もいますが、本当は事故後の家族対応の悪さが原因なのです。家族の意識と施設の常識は明らかにずれています。これらを見直し、家族が納得できる対応に変えなければなりません。

　施設の入所者で認知症のあるＡさんが夜中に転倒して大たい骨を骨折し、病院に救急搬送されました。幸い命に別状はありませんが、入院して手術をすることになってしまいました。連絡を受けた家族は夜中に病院へ駆けつけてきました。救急車に同乗してきた夜勤の介護職員は、駆けつけてきた家族に対して事故の概要について次のように説明しました。

　「夜勤帯の定時巡回で居室へ行ったら、居室の入り口付近にＡさんが倒れていた。看護師の指示で家族連絡のうえ、病院に救急搬送した。左大たい骨の骨折と診断され、手術のため少なくとも３週間程度の入院が必要となった」

　施設の事故発生直後の家族対応はだいたいこのようなものでしょうか？

　さて、この施設はこのあとに家族に対してどのように対応するのでしょうか？　利用者の今後の処遇について誰がいつ説明するのでしょうか？　事故の状況や過失責任についての説明はいつ行うので

しょうか？ その説明のためには、誰がいつまでに報告書を作るのでしょうか？

　ほとんどの施設でこの事故後の家族対応の手順が決まっていません。ですから、出たとこ勝負、場当たり的な対応になってしまいます。しかし、たとえ場当たり的でもまだ家族に対して説明義務を果たそうとする施設はマシでしょう。家族から説明を求められない限り、施設から進んで何の説明もしないという施設もあります。

　では、事故後にどのような家族対応をすれば、誠意をもって対応したと家族は感じてくれるのでしょうか？ 順を追ってポイントを考えてみましょう。場当たり対応では満足のいく対応は望めませんので、マニュアル化することをお勧めします。

　まず、先ほどのケースを例にとれば、最初の大きなポイントは、家族が病院に駆けつけてきた場面での対応です。問題は夜中に病院に駆けつけてきた家族に対して、誰が事故の説明をすべきでしょうか？ 救急車に同乗してきた夜勤の介護職員では困ります。事故による救急搬送であれば相談員やケアマネジャー（できれば施設長）など、しっかりした対応ができる職員でなければなりません。当然、緊急時の出勤体制が必要になります。たまたまその日の夜勤に当たった介護職員に任せたのでは、家族に対してひどく無責任な印象を与えてしまいます。

　事故直後の家族説明は、"どんな事故が起こり、施設はどのように対処したか"をできる限り詳しく説明すれば十分です。まだ、事故の直後ですから、この時点では詳しい事故原因や過失など法的な問題は説明できるわけはないからです。さて、この場面での説明はこれだけで終わらせてよいでしょうか？

　その後の事故への対応について、事故直後に説明しておくことが次のポイントです。決して事故発生時の対応だけ説明して帰ってし

まってはいけません。この事故に関する正式な説明をいつ家族に対して行うのか、今後の対応手順を大まかに説明しておく必要があります。「現時点では、事故の詳しい状況や私どもの法的な責任など詳しいことはご説明できません。今後きちんとした調査を行い、事故に関する正式な説明をさせていただきますので、1週間ほど時間をいただけないでしょうか」と伝えて了解を得るのがよいでしょう。

　この事故後の対応手順について説明しないで帰ってしまう施設がたくさんあります。すると家族は「え？　施設は今後この事故に対してどんな対応をするの？　こちらから何か言わないとそのままにする気？」と疑心暗鬼になっていきます。このスタートの時点から家族に不信感を与えていては、その後の対応がうまくいくわけがありません。また、対応手順の概要を説明するには、手順が決まっていなくてはなりません。たとえば10日後に家族への正式な説明をするのであれば、現場の事故状況や事故原因の調査は4～5日以内に行わなくてはなりません。

（2）事故の過失についての説明責任

　施設やデイサービスでは事故が起きても、「利用者や家族から要求されないと説明しない」「治療費などの請求がないと過失の検証をしない」など、事故の説明について消極的な対応が恒常化しています。利用者に事故が起きたとき、施設側に過失の認識があっても、利用者側に賠償請求権の説明をする義務はないのでしょうか？

　まず、施設の過失が原因で事故が起こり利用者側に損害が発生した場合、どの時点で利用者側に損害賠償請求権が発生するのか考えてみましょう。民法415条（債務不履行による損害賠償）の解釈では、施設の過失が原因で利用者に事故が起きれば、債務不履行（債

務の不完全履行）として、利用者側に賠償請求権が発生します。しかし、施設側の過失（安全配慮義務違反）の有無や過失と事故の因果関係などの事故に関する詳細な情報を、利用者側が迅速に得ることは大変難しく、施設の正確な情報提供を待たなければ実際には損害賠償請求をすることができません。

　医療過誤などと同様に介護サービスの契約においても、契約当事者である消費者側は、事業者に債務不履行があったかどうかを容易に判断する材料をもっていませんし、入手することも困難です。そこで、介護保険制度ではこのような事故発生時の過失判断の情報の不均衡を是正するために、運営基準第35条4項で「指定介護老人福祉施設は、入所者に対する指定介護福祉施設サービスの提供により賠償すべき事故が発生した場合は、損害賠償を速やかに行わなければならない」と規定しているのです[*2]。つまり、利用者側が事業者の事故に対する過失の存在を知り得ない時点でも、賠償責任があるものについては速やかに損害賠償をすべきとしたわけです。

　要約すれば、世間一般の契約において一方の債務不履行を理由に損害賠償請求をするためには、相手方の債務の不完全履行（債務不履行）を知ったうえでないと賠償請求権が発生しないのですが、介護事業者（施設）が相手の契約においては、「事業者側が自らの債務不履行を知った時点で賠償を速やかに履行しなさい」としているのです。さらに、2000（平成12）年3月29日に社会福祉法人全国社会福祉協議会（全社協）の「福祉サービスの契約及び情報提供のあり方に関する検討会」が作成した"モデル「指定介護老人福祉施設」入所契約書"にも次のような同内容の表記があります。

＊2）居宅サービスには「指定居宅サービス等の事業の人員、設備及び運営に関する基準」の第37条3項で「指定訪問介護の提供により賠償すべき事故が発生した場合は、損害賠償を速やかに行わなければならない。（第105条：通所介護へ準用）」と規定しています。

《モデル「指定介護老人福祉施設」入所契約書（全社協作成）》

> 第10条（損害賠償責任）
> 1　事業者は、本契約に基づくサービスの実施に伴って、自己の責に帰すべき事由により契約者に生じた損害について賠償する責任を負います。第8条に定める守秘義務に違反した場合も同様とします。
> 　ただし、契約者に故意または過失が認められる場合には、契約者の置かれた心身の状況を斟酌して相当と認められる時に限り、損害賠償額を減じることができるものとします。
> 2　事業者は、前項の損害賠償責任を速やかに履行するものとします。

　このモデル入所契約書をもとに契約書を作成した施設は、「施設の過失によって利用者の事故が起きて損害が発生すれば、その時点で賠償責任が発生し、これを速やかに履行する」と約定しているのです。つまり、運営基準やモデル契約書の文言からは、「施設側が過失を認識した時点で賠償責任が発生し、利用者側の過失の認識や賠償請求がなくても賠償すべき」と解釈できるのです。

　以上のように、世間一般の契約においては契約者の一方が他方の債務不履行を認識しないと賠償請求ができませんが、介護保険制度における介護サービスの提供契約においては、事業者側が過失を認識した時点で、賠償義務を履行すべきと規定しているのです。当然、事業者側に過失がない場合は、「過失がなく債務不履行に当たらないので損害賠償を行わない」と施設側が説明しなくてはなりません。

　施設やデイサービスと利用者との契約は、世間一般の債務不履行と異なりサービス提供上発生した利用者の事故に対して、事業者や施設は過失があれば損害賠償の迅速な履行義務を負わされており、

したがって過失がない場合、利用者側から求められなくても説明する義務を負っていることをきちんと認識すべではないでしょうか？

> **《参考》事故後の家族対応のポイント**
>
> **1．家族連絡**
>
> 　受診の前に家族連絡を行い、受診の了解を得ます（発生時の対処参照）。この連絡では本人の状態と受診への判断のみになります。詳しい事故報告は受診後に行う旨をいい添えるとよいでしょう。
>
> **2．施設内事故報告（速報）**
>
> 　現場で事故の対処にかかわった職員から、相談員やケアマネジャーが事故報告を受けます。ここでの報告は口頭でよいので、相談員など家族対応者が受診後に家族に説明する内容を報告します。どのような事故が起きて、どう対処したかを時間などの記録も添えて詳しく報告します。
>
> **3．事故直後の家族への説明**
>
> 　骨折のような入院を要する事故の場合、相談員だけでなく施設責任者も病院へ行き、家族への報告に立ち会います。現場職員からの報告に基づき、事故の状況と施設の対応状況を説明します。また、今後事故原因や施設の過失などの、事故の詳細説明をいつ行うかを家族に約束します。事故後1週間〜10日間程度が限度です。
>
> **4．事故状況の調査**
>
> 　施設長は現場介護職員に対して、次の項目を調査し報告をさせます。報告期限の目安は事故後5日程度です。
>
> 〈現場に指示する調査項目（家族への詳細説明に必要）〉
>
> 　・事故前の利用者の様子

・事故の発生状況
　　・事故発生時の対応
　　・事故原因
　　・再発防止策

※事故状況が不明な場合は、利用者の生活状況や動作状況から事故状況を推測し、その推測をもとに事故原因究明や再発防止策の検討を行う。「事故状況が不明なので、原因も再発防止策もなし」という報告は不可。

5．利用者の生活復帰に対する協力

　家族が病院にくる前に医師やケアマネジャーと相談し、どのような治療方法で利用者に対応することが、利用者本人の生活復帰に対して一番よい方法なのかを話し合っておくとよいでしょう。利用者の家族の「不満」は事故発生の原因よりも、「利用者がけがをして、これからどうなるのか？」という不安のほうが大きいのです。この目の前の不安の解決に対して、施設が前向きな姿勢で臨んでいることが大変重要です。利用者本位の対応姿勢に対して家族が満足すると、事故原因やその対処に対する不満が薄らぎます（「骨折してしまったのだから、もう施設の領分ではない、あとは医者任せ」では、著しく無責任な印象を与えます）。

6．法的責任（賠償責任）の判断

　現場からの事故の詳細報告に基づき、施設の過失について検討します。責任判断が難しい場合は、弁護士などの専門家のアドバイスを仰ぎます。施設の法的な責任についての説明は家族説明に欠かせません。弁護士に相談したときには弁護士の氏名も伝えます。

第5章

家族にリスクを共有してもらう方法

1 入所のしおりで生活リスクを説明する

（1）入所のしおりで生活リスクを説明した施設の例

　冒頭に施設には防げない事故が多く、防げないことは家族に理解を求め、リスクを共有してもらうことも大切だと申し上げました。ここでは、施設の生活に伴うリスクを家族に共有してもらう取り組みを2つご紹介します。

　ある特養で、新規入所の利用者向けの事前説明の資料として、「入所生活のしおり」を作成しました。施設のパンフレットだけでは、施設での利用者の生活の詳細を説明しきれず、入所後にトラブルになることが多かったので、「施設での生活のガイド」を作ろうということになったのです。

　しかし、施設の生活について知っていただくべきことはよいことばかりではありません。当然生活のリスクもありますので、この「施設生活上避けられない危険」について説明するために、しおりの最後に「事故のない安全な暮らしのために」という項目を設けました。この「避けられないリスクを家族にどうやって伝えるか」という取り組みで、最も悩んだのは「どのような伝え方をすれば家族が受け入れてくれるのか」ということでした。

　具体的には「○○のような危険があるので施設では××のような防止対策を講じています。ご家族も△△のような形でご協力いただけませんか？」という伝え方をしたのです。前述の通りリスクを伝えるには防止対策とセットで説明しないと、家族は聞く耳をもってくれません。さらに一歩進めて「事故防止のためには家族の協力も

必要です」という意識づけをしていくことも大切なことなのです。

（２）入所のしおりの記載例

すべて施設で抱え込んで、自分たちの努力だけで事故防止を進めていくのではなく、家族にも協力を求めていくことによってリスクに対する家族の理解も生まれてくるのです。実際のしおりの内容を一部ご紹介します。

《参考》事故のない安全な暮らしのために
「環境変化による事故を防ぐために」
＜こんな危険があります＞
　施設の建物や設備は居室も含め皆様の自宅とは異なり、慣れるまで時間がかかります。また生活サイクルは、ご利用者様のこれまでの暮らしと異なる部分があり、入所当初、不安が生じ、ふとしたことで事故が起こり、けがをすることが多々あります。認知症の方は環境変化に対応する能力が低く、この傾向が顕著です。私たちはできるだけこの環境変化を減らし、事故の危険を減らすよう努めています。
＜私たちの事故防止対策＞
　利用者様が長年慣れ親しんだ暮らし方をできる限り継続できるよう、次のような対応をさせていただいております。
１．ご自宅のお部屋に合わせた部屋づくり
　ベッドや家具の配置をご自宅での生活に極力合わせております。また、ご自宅で使用されていた生活用具を、できる限り継続してお使いいただきます。また、就寝時は基本的にはベッドを使用しておりますが、転落の危険がある場合などは、畳に布

第5章　家族にリスクを共有してもらう方法

団を敷いていただくこともできます。
　２．食事について
　お食事は、ご利用者様の嗜好、体調管理に合わせたものを提供させていただきます。食事時間は基本的に決まっていますが、ご利用者様の希望があればそれに沿った時間に対応させていただきます。
　３．歩行や移動に関して
　履物はご利用者様が履き慣れている物を使用していただくと転倒防止につながります。環境の変化による身体の疲労、それに伴う歩行の不安定などが見受けられた際は、杖や車いすにて対応させていただくこともあります。
＜ご家族様にご協力いただきたいこと＞
　利用者様の居室や生活環境の変化を最小限にするために、これまでの生活の様子を私たち職員に教えてください。また、事故の危険を減らすための工夫などお知恵をお借りできたら幸いです。

2 家族に事故防止活動に協力してもらう

(1) ナースコールを鳴らしてくれないSさんの例

　利用者のSさんは脳卒中による左片麻痺があるものの、軽度なため日常生活はほぼ自立しています。元学校の先生で自立心が高く、他人のいうことはあまり聞きません（移動は車いす、夜間の排泄はポータブルで自立）。最近、急に身体機能が低下してきて、夜間にポータブルトイレへ移乗するときに、ずり落ちてしまうヒヤリハットが3回起きました。

　ケアワーカーは「1人で移乗すると危ないので夜間でもナースコールを鳴らしください」とお願いするのですが、聞き入れてもらえません。

　ケアワーカーは落ちるたびに、「根気よく説得する」と再発防止策に書いてきますが、どうも説得できる相手ではないので、この事故を防止するのは難しそうです。

　たとえ防ぐことが難しくても、事故が起こったときに家族とトラブルを起こしたくありません。フロア主任はSさんに母親思いのいい息子さんがいることを思い出し、息子さんにリスクを共有してもらう秘策を思いつきました。ある日、息子さんを呼んで、次のようにお願いしました。

　「お母様は身体機能が低下して、1人では安全にポータブルトイレを使うことができません。ナースコールを鳴らしてくださいとお願いしているのですが、押さずに1人でやってしまいます。大けがをしてからでは遅いので、息子さんからもナースコールを鳴らすよ

うに説得してください」

　息子さんは気持ちよく引き受けてくださり、居室へ行ってお母様を説得しました。しかし、1時間説得しても結局、お母様は「うん」とはいいませんでした。息子さんはフロア主任に対して「申しわけありません。私が説得しても聞き入れてくれません」と何度も謝るのです。

(2) 家族を巻き込むことがトラブル回避につながる

　こうなると、この利用者の転落を防ぐことはできません。しかし、息子さんに説得してもらったことで、事故が起こったとき、おそらく、この息子さんとトラブルになることはありません。なぜなら、息子さんも私たちと一緒に事故防止を行う仲間になってしまったからです。

　この例からもわかるように、防げない事故を家族に理解してもらう一番の方法は、家族に事故防止活動に協力してもらうことなのです。

おわりに

「そうかこんな方法があったんだ」

そう気づいても、なかなか実行できないのが介護現場の悩みであり、「変革が難しい」といわれる所以です。

本書では、効果的な事故防止の進め方から具体的な防止対策、事故発生時の家族対応など、できる限り現場の取り組みから得た事例を掲載しました。これらの事例とその解決策を活用して、「やってみたら本当に効果があった」と実感し、成果の共有できる取り組みに変えていっていただけたら幸いです。

2014年5月

山田 滋

● 著者略歴

山田　滋(やまだ　しげる)
株式会社安全な介護代表取締役

早稲田大学法学部卒業後、現あいおいニッセイ同和損害保険株式会社入社。支店勤務のあと、2000年4月より介護事業者のリスクマネジメントの企画立案に携わる。2006年7月より現株式会社インターリスク総研主席コンサルタント、2013年4月よりあいおいニッセイ同和損保、同年5月末退社。
高齢者施設や介護事業者と事故防止活動に取り組み、現場で積み上げた実践に基づくリスクマネジメントの方法論は、「わかりやすく実践的」と好評。各種団体や施設の要請により年間150回のセミナーをこなす。

■主なセミナーのテーマ

高齢者施設のリスクマネジメント、事例から学ぶ管理者の事故対応、事例から学ぶ原因分析と再発防止策、デイサービスのリスクマネジメント、訪問介護事業のリスクマネジメント、ケアマネジャーのリスクマネジメント、認知症利用者のリスクマネジメント、高齢者施設の実践的感染症対策　など

■主な著書・共著書

『安全な介護　ポジティブ・リスクマネジメント』（下山名月共著、筒井書房）
『安全な介護Q＆A　実践ポジティブ・リスクマネジメント』（筒井書房）
『事故例から学ぶデイサービスの安全な介護』（筒井書房）
『生活から学ぶ認知症のひとの安全な介護』（筒井書房）
『現場から生まれた介護福祉施設の災害対策ハンドブック』（中央法規出版）
『介護の現場きけんまるわかり』（QOLサービス）
『早引き 介護の接遇・マナーハンドブック』（執筆・監修、ナツメ社）

- ●表紙デザイン／梅津幸貴
- ●編集協力／(株)東京コア
- ●本文DTP ／(株)ワイズファクトリー

介護福祉経営士　実行力テキストシリーズ6
現場の成功事例から学ぶ
安全な介護を実現する事故・トラブル防止術

2014年6月16日　初版第1刷発行

著　者　山田　滋
発行者　林　諄
発行所　株式会社 日本医療企画
　　　　〒101-0033　東京都千代田区神田岩本町4-14
　　　　　　　　　　神田平成ビル
　　　　　　　　　　TEL 03(3256)2861(代表)
　　　　　　　　　　FAX03(3256)2865
　　　　　　　　　　http://www.jmp.co.jp/
印刷所　大日本印刷株式会社

ISBN978-4-86439-264-8 C3034　　ⓒShigeru Yamada 2014, Printed in Japan
(定価は表紙に表示しています)

「介護福祉経営士」テキストシリーズ　全21巻

総監修
江草安彦（社会福祉法人旭川荘名誉管理事長、川崎医療福祉大学名誉学長）
大橋謙策（公益財団法人テクノエイド協会理事長、元・日本社会事業大学学長）
北島政樹（国際医療福祉大学学長）

(50音順)

▍基礎編Ⅰ　（全6巻）
第1巻　介護福祉政策概論 ── 介護保険制度の概要と課題
第2巻　介護福祉経営史 ── 介護保険サービス誕生の軌跡
第3巻　介護福祉関連法規 ── その概要と重要ポイント
第4巻　介護福祉の仕組み ── 職種とサービス提供形態を理解する
第5巻　高齢者介護と介護技術の進歩 ── 人、技術、道具、環境の視点から
第6巻　介護福祉倫理学 ── 職業人としての倫理観

▍基礎編Ⅱ　（全4巻）
第1巻　医療を知る ── 介護福祉人材が学ぶべきこと
第2巻　介護報酬制度／介護報酬請求事務 ── 基礎知識の習得から実践に向けて
第3巻　介護福祉産業論 ── 市場競争と参入障壁
第4巻　多様化する介護福祉サービス ── 利用者視点への立脚と介護保険外サービスの拡充

▍実践編Ⅰ　（全4巻）
第1巻　介護福祉経営概論 ── 生き残るための経営戦略
第2巻　介護福祉コミュニケーション ── ES、CS向上のための会話・対応術
第3巻　事務管理／人事・労務管理 ── 求められる意識改革と実践事例
第4巻　介護福祉財務会計 ── 強い経営基盤はお金が生み出す

▍実践編Ⅱ　（全7巻）
第1巻　組織構築・運営 ── 良質の介護福祉サービス提供を目指して
第2巻　介護福祉マーケティングと経営戦略 ── エリアとニーズのとらえ方
第3巻　介護福祉ITシステム ── 効率運営のための実践手引き
第4巻　リハビリテーション・マネジメント ── QOL向上のための哲学
第5巻　医療・介護福祉連携とチーム介護 ── 全体最適への早道
第6巻　介護事故と安全管理 ── その現実と対策
第7巻　リーダーシップとメンバーシップ、モチベーション
　　　── 成功する人材を輩出する現場づくりとその条件